Amazonie,
de l’ombre à la lumière

Les impliqués
Éditeur

Fondée en 2014, notre maison d'édition se consacre à la publication d'ouvrages relevant de divers domaines : littérature, récits personnels, premiers romans et nouvelles, essais en sciences humaines, religion, économie, etc.

Les impliqués ont pour vocation de publier, après sélection, les manuscrits qui leur sont confiés. Ils proposent ainsi aux auteurs de faire de leur projet d'écriture une réalité et d'éditer, après une réelle collaboration avec eux, leur ouvrage issu de leurs souvenirs, de leur imagination, de leurs rêves, de leur recherche ou encore de leur travail.

Jean Renaud Le Milon

Amazonie,
de l'ombre à la lumière

Roman

Les impliqués
Éditeur

5-7, rue de l'École-Polytechnique – 75005 Paris
www.lesimpliques.fr
contact@lesimpliques.fr
ISBN : 978-2-38541-945-5
EAN : 9782385419455
Pour l'envoi de vos manuscrits : voir à la fin de cet ouvrage

1

En plein jour les gros nuages noirs avaient imposé la nuit. Installée sur l'Amazonie depuis des semaines la pluie obscurcissait tout et les grosses gouttes molles innombrables empêchaient les hommes d'ouvrir les yeux pour y voir quelque chose. C'était le règne de l'ombre.

Malgré la pluie les hommes d'Oberschlecht, la plus grande entreprise de travaux publics de l'Amérique latine, avaient achevé le barrage de Belo Monte, le quatrième plus grand barrage hydro-électrique du monde. Situé sur le fleuve Xingu, l'un des plus importants affluents de l'Amazone, il avait été inauguré en catimini le 27 novembre 2019 par le Président du Brésil, Jaïr Bolsonaro. Cette discrétion reflétait le malaise des autorités. Le Procureur régional de la République du Brésil avait déclaré que le barrage de Belo Monte était *« un monument au gaspillage et à la folie »*.

Les Indiens kayapos avaient pourtant lutté de toutes leurs forces contre cet ouvrage qui allait détruire, en les submergeant, des centaines de milliers d'hectares de leur forêt ancestrale. Leur chef le cacique Raoni, avait bien compris les mécanismes de la modernité obsédée par l'image. Il était donc parti aux extrémités du monde, petit homme armé de son grand plateau labial qui le rendait inoubliable, pour arrêter la folie de la déforestation. Fin 2015 il était à Paris pour témoigner à la COP 21 et il avait été reçu par le Président français. Ensuite il avait continué ailleurs encouragé par des amis imprévus comme le chanteur Sting. Tout cela en vain.

La grande blessure bétonnée qui saignait l'Amazonie avait été achevée. Chez les Kayapos la déception était intense mais une autre génération avait pris le relais.

Biraoni et Birina les petits-enfants jumeaux du grand cacique désormais âgés de 20 ans, avaient décidé de lutter contre un dommage collatéral de la construction du barrage, la ville pourrie de Bajamira créée pour la construction de l'ouvrage et abandonnée de tous après l'achèvement du chantier : un furoncle à détruire.

Bajamira la ville champignon du Far West brésilien, grande agglomération de bidonvilles sales et abandonnés avait été créée en quelques années pour les hommes qui allaient construire le barrage mastodonte de Belo Monte. Devenue inutile après l'achèvement du chantier, elle ressemblait de plus en plus au mot qu'utilisaient les Kayapos pour la définir : un furoncle. Elle était composée de populations hétérogènes qui vivaient enfermées dans un chaos violent et permanent. Cet entassement d'êtres humains avides et désespérés ressemblait à une immense favéla horizontale humide et puante dans laquelle personne ne partageait rien sinon la peur de l'autre. Autre point commun dans cette cour des miracles, tous les groupes étaient gangrénés par le recours à la violence et au meurtre pour régler les désaccords car les faibles représentants de la municipalité et de l'État du Para étaient dépassés par la situation et ne souhaitaient rien faire.

Aucun équipement public n'avait été réalisé. L'eau supposée potable coulait dans un gros tuyau en plastique noir posé sur le sol le long d'une des pistes de terre défoncée qui reliait le barrage de Belo Monte à la ville de Bajamira. Aucun traitement des eaux usées n'existait et toutes les eaux sales terminaient dans les rues mélangées aux déchets que les habitants jetaient par les fenêtres. Le service de traitement des ordures ménagères avait donc été délégué aux uruburus, repoussants oiseaux charognards au long cou rouge et au bec puissant, qui s'écartaient à peine quand quelqu'un passait dans la rue.

L'aérodrome vaguement installé dans une sorte de grande clairière artificielle gagnée sur la forêt à coup de tronçonneuses, ressemblait à une piste de terre, plus large, mais cabossée et pleine de trous. La grande route goudronnée qui reliait Bajamira au front du défrichement avait servi à transporter tout ce qui était nécessaire à la création du barrage de Belo Monte, et elle était maintenant devenue l'artère vitale qui reliait la ville de Bajamira au monde dit civilisé. En effet Oberschlecht, avait voulu récupérer toutes ses énormes machines, ses grues et ses camions géants.
Les conducteurs des machines et des énormes semi-remorques avaient donc conduit à toute allure même quand les pluies avaient commencé. Le fragile ruban de bitume trop étroit, posé à la va-vite sur un terrassement approximatif avait été complètement dégradé et il était devenu presque inutilisable pour des véhicules ordinaires.

Forte Energia, l'exploitant du barrage s'était engagé à fournir gratuitement l'électricité à Bajamira. Des câbles entremêlés posés sur des poteaux en bois mal enfoncés dans le sol humide de la jungle, constituaient donc le seul lien électrique entre le barrage hydroélectrique le plus puissant du Brésil et la ville dépotoir.

La prison était le plus imposant et le mieux construit des rares bâtiments en béton de la ville et il était en bon état. Les locaux de la municipalité et ceux de la police étaient présentables mais mal entretenus. Un modeste hôpital avait été construit en haut d'une des collines qui entouraient la ville pour être facilement accessible de tous. Construit en dur mais beaucoup trop petit ce bâtiment démontrait clairement que la santé des habitants n'était pas la priorité des autorités locales. Il n'y avait vraiment pas besoin de consacrer des ressources à soigner la population déjà présente dans la ville dépotoir puisque les travailleurs pauvres du sertão se battaient pour la rejoindre.

La main-d'œuvre on en avait trop !

Que Bajamira soit devenue la capitale régionale de la drogue, de l'alcool et de la prostitution et la 5e ville la plus dangereuse du Brésil n'avait aucune importance. Du moment que les arbres tombaient coupés par les tronçonneuses, et que les mines se multipliaient sans aucun contrôle pour arracher à l'Amazonie les terres rares et les minerais qui allaient magnifier la richesse et la puissance du nouvel Empire brésilien, tout était en ordre. Il y avait bien une police, mais elle ne faisait que semblant d'assurer le maintien de l'ordre.

Après l'achèvement du barrage, Bajamira comptait encore des dizaines de milliers d'habitants qui végétaient dans ce cloaque où le vrai pouvoir appartenait aux grandes entreprises et aux bandes organisées.

Oberschlecht, la plus grande entreprise de travaux publics de toute l'Amérique latine, était lourdement compromise par des accusations de corruption généralisée portant sur des milliards de dollars au Brésil et dans presque tous les grands pays d'Amérique du Sud hispanophones.

C'est elle qui avait construit le barrage géant de Belo Monstro ainsi que les Indiens le nommaient, et ses ouvriers se comptaient par milliers à Bajamira et sur les rives du Xingu. Ils étaient brutaux et agressifs mais relativement solidaires car ils avaient travaillé ensemble sur un énorme chantier dangereux où leur commune sécurité dépendait de la mise en œuvre organisée des ordres des ingénieurs. Ils avaient donc le respect de la hiérarchie et de la compétence. Les hommes de cette entreprise, partageaient ensemble un autre motif de satisfaction qui était d'avoir mis en échec tous les efforts des Indiens primitifs et attardés pour empêcher la construction du barrage. Ils s'en vantaient très souvent avec fierté dans les bars de Bajamira qu'ils dominaient par leur argent et par leur nombre.

Palmoco était la plus ambitieuse et la plus agressive des grandes sociétés brésiliennes de l'agroalimentaire et elle s'appuyait sur le soutien sans faille des gouvernements successifs du pays. Son propriétaire, Luis Da Sylva, géant brun aux sourcils broussailleux était un paysan du Nordeste brésilien qui avait fait une immense fortune en obtenant des autorisations de défrichement et de plantation de palmiers à huile sur des centaines de milliers d'hectares dans le Cerrado, très grande région située au sud de l'Amazonie.

Sa paresse naturelle et une certaine forme de neurasthénie ne pouvaient être surmontées que par des accès de colère qui lui rendaient le sentiment d'être vivant. Et plus le nombre de gens sur lesquels déferlait sa colère était important, mieux il se portait. Pour affirmer son pouvoir il faisait défiler dans les rues de la ville tous ses hommes armés de leurs machettes et hurlant ses slogans. Mais il les avait nourris, leur avait donné du travail et les logeait sommairement. Malgré son cynisme et son implacable autorité, il était adulé par ces hommes.

Les plus malins et les plus expérimentés des paysans sans terre avaient rapidement compris qu'ils allaient être très bien préservés de toute agression par Da Sylva, actionnaire majoritaire de Palmoco et maitre absolu du palmier à huile, s'ils suivaient ses règles et lui obéissaient. Le message avait été compris à Bajamira : nul ne devait toucher aux paysans sans terre protégés par Palmoco.

Un groupe particulier de paysans sans terre, issus du sertão le cœur presque désertique du Nordeste brésilien, se soumettaient résignés à la tyrannie de Da Sylva pour survivre. Mais, s'ils lui avaient donné leurs bras pour défricher et leur voix pour hurler ses slogans dans les rues de Bajamira, ils avaient refusé d'accorder à Da Sylva la moindre parcelle de leur cœur et de leur foi.

Cette dernière, qui était le moteur inusable de leur vie, ils l'avaient offerte avec passion au Béato, leur leader messianique habité par Jésus, qui leur promettait en son nom l'avènement des temps nouveaux où règnerait le bonheur universel. Ils étaient solidaires entre eux et chantaient à tout moment dans la forêt et dans les champs des cantiques vigoureux qui attiraient sans cesse les nouveaux arrivés du sertão. Da Sylva avait tenté de les faire taire et de les terroriser. En vain. Ils étaient trop nombreux, trop courageux et trop bien organisés. Rocha le lieutenant du Béato, avait créé une milice religieuse armée, que personne ne souhaitait affronter.

Tous ces gens déçus par la vie et peu à peu gagnés par le désespoir que fabriquait chaque jour le bagne de Bajamira, représentaient la clientèle idéale pour les vendeurs de drogues, de rêves et de mensonges. La marijuana, la coke et l'héroïne coulaient de la Colombie vers l'État du Para au Brésil, canalisées par les trafiquants colombiens, ravis de ce nouveau marché en pleine expansion et sans aucun contrôle sérieux à craindre de qui que ce soit. L'alcool et la prostitution accompagnaient les drogues pour aider les sans-espoirs à survivre, et cette ville ne produisait rien et tournait sur elle-même, encrassée par le vice et la paresse. Les Colombiens riches et surarmés étaient arrivés récemment à Bajamira, et ils étaient déjà la troisième puissance locale.

Pourtant quelques personnes croyaient encore à l'avenir de cette cité abandonnée. Dans cette ville gangrénée par la violence et les armes, deux personnes que tout aurait dû opposer, étaient les seules à incarner un esprit de résistance et une confiance dans une vie possible à Bajamira. Les deux hommes avaient un point commun : ils étaient tombés amoureux de l'Amazonie. L'évêque l'était depuis trente ans, le tueur intègre depuis trois mois.

La durée importait peu, car ils étaient tous les deux contaminés par cette maladie et ne pourraient plus jamais en guérir.

Erwin Stark, l'évêque du Xingu défenseur des Indiens depuis toujours et soutien infatigable de tous les paumés de la ville, était un petit homme aux cheveux d'un blanc éclatant qui souriait à toute occasion et qui parlait toujours doucement. Mais il était d'une énergie inépuisable et ne craignait ni les autorités policières, ni les trafiquants de tous poils et encore moins les souteneurs colombiens, exploiteurs insatiables des jeunes Indiennes qu'ils prostituaient. Petit, faible et sans armes, sa voix pesait cependant très lourd dans cette ville sans âme. Des milliers de paysans sans terre, d'ouvriers au chômage, d'alcooliques épuisés, et de prostituées désespérées, le suivaient et venaient l'écouter dans sa cathédrale de favéla.

Cet étrange édifice de parpaings cassés et de béton volé par les ouvriers sans travail sur le chantier du barrage, couvert de tôles ondulées rouillées et rempli de bancs fatigués de bois de récupération, était le véritable cœur de Bajamira, le seul lieu où l'on pouvait encore croire à la pauvre humanité rassemblée entre ses murs précaires blanchis à la chaux par fidèles et bénévoles. Ces artistes improvisés avaient peint avec leur cœur et des pinceaux usés, des fresques naïves et colorées dont la beauté lumineuse irradiait les murs, confirmant à tous ceux qui rentraient là, par conviction ou par simple curiosité, que même à Bajamira, la vie valait encore la peine d'être vécue.

Mais c'étaient les cantiques brésiliens, chaloupés et portés par la danse fébrile de ce peuple généreux, qui créaient les puissantes pulsations du vrai cœur de la ville. Les ondes de ces chants faisaient trembler les murs dérisoires de cette cathédrale de déchets, et sublimaient les laideurs et les peurs de cette fausse cité. Et le petit évêque, à peine visible derrière l'autel composé de palettes empilées, parlait doucement de confiance et d'espoir aux centaines de Brésiliens, qui, arrêtant soudain les sambas chrétiennes, lui offraient des minutes d'attention cristalline avant de l'emporter à nouveau avec eux, dans l'hommage musical et dansant offert à la vie et au Seigneur Jésus.

Perigo de Morte *(Danger de mort)* le tueur intègre, était le représentant à Bajamira du PCC *(le Premier Commando de la Capitale)* devenu en 25 ans l'organisation criminelle la plus puissante du Brésil.

. Par sécurité les membres de l'organisation ne se connaissaient pas entre eux et ne pouvaient donc rien divulguer jusqu'au jour où on les mobilisait pour une opération. Ce n'était donc ni un cartel ni une mafia, et ses membres qui se choisissaient à travers une sorte de cooptation, considéraient eux-mêmes qu'ils étaient « baptisés ». Le PCC était né en 1993 à Tanbaté la prison la plus cruelle et la plus anarchique de São Paulo où régnaient la corruption et la terreur aveugle du commando Caïpira. En éliminant le même jour à la même heure une quinzaine de membres de ce commando et le directeur corrompu de la prison, le PCC imposa immédiatement son autorité.

Après ce coup d'éclat le PCC prit progressivement le contrôle de nombreuses grandes prisons du Brésil, en expliquant qu'il ne cherchait pas à obtenir plus de pouvoir et plus d'argent, mais qu'il voulait rétablir l'État de Droit, là où les autorités avaient renoncé à le faire. Il imposa donc ses lois et ses règles qui ne favorisaient pas toujours les plus forts, bien au contraire. L'un de ses fondateurs proclamait sans relâche :

« Nous tuons nos ennemis, c'est vrai. Mais nous ne tuons pas gratuitement. Nous voulons la paix, la justice et l'égalité. »

Mais malgré sa puissance croissante, l'Organisation avait connu un sérieux échec dans sa volonté de contrôler les routes de la cocaïne pour éradiquer le trafic en provenance de la Colombie et du Pérou.

Deux chefs du PCC, Gégé do Mangue et Alves da Souza, furent abattus par les narcos colombiens à Bajamira.

Pour surmonter cette crise, Perigo de Morte fut nommé représentant du PCC à Bajamira. Cet homme de moins de 30 ans, presque frêle et pas très grand, gardait encore en lui de nombreuses traces de la jeunesse. D'un physique peu impressionnant mais élégant, il exprimait sans effort une autorité calme et reconnue par tous ses interlocuteurs.

Chargé par le grand patron de São Paulo de deux missions clés : prendre le contrôle de la prison de Bajamira et arrêter le trafic de cocaïne en provenance de Colombie et du Pérou, il décida de commencer par la prison. Fidèle à sa pédagogie il prit donc la peine d'expliquer à ses hommes comment ils allaient agir « Nous sommes nouveaux ici et personne ne nous connaît. On pense même que nous sommes des hommes de la capitale ignorant tout de l'Amazonie et qui vont s'y engluer. Quant à moi ils me prennent pour un bourgeois de Rio qui connait mieux les plages et les filles que les armes et la lutte. »

Les hommes rassemblés autour de lui commençaient à protester, et râlaient un peu contre le portrait que leur patron dessinait de lui-même. Il enchaîna « Ne vous inquiétez pas, je n'ai pas perdu la main, et je suggère aux anciens de rassurer les nouveaux qui nous ont fait l'honneur de nous rejoindre. Nous ne sommes ni des malfrats ni des amateurs.

Nous sommes le Premier Commando de la Capitale et nous serons dans quelques années la plus grande force criminelle organisée du Brésil. Pour le moment les gars, on fait profil bas et on ne sort ni les kalachnikovs ni les pétards. Quand nous voudrons livrer la grande bataille contre les trafiquants colombiens, nous aurons besoin d'alliés et notamment de la police de Bajamira.

Il ne faut donc ni les humilier, ni en tuer trop car ils pourront nous servir.

Quant aux matons ils connaissent nos exploits dans les grandes prisons brésiliennes. On agit en douceur ou dans le sang. Ils devraient donc rapidement comprendre. Au boulot les gars, on ne va pas s'ennuyer ! »

Au cours du premier mois du séjour de Perigo à Bajamira, le PCC prit le contrôle de la prison avec seulement deux victimes : le directeur de l'établissement et son adjoint qui n'avaient pas compris que le changement était en marche.

Mais ce succès n'était pas un hasard. Perigo, fidèle à sa politique de gagner en réduisant volontairement le nombre de morts, avait rencontré le commandant de la police de la ville avant la prise de contrôle de la prison. Il lui avait garanti que la confrontation se déroulerait à l'intérieur des bâtiments de la prison et que pas un de ses hommes ne serait touché s'ils restaient en service loin de cet édifice. Au moment de l'offensive du PCC sur la prison, le directeur commença par exiger l'intervention de la police auprès de son commandant, puis il supplia pour l'obtenir, et ensuite il ne put exprimer aucune autre demande, car il était mort.

De son côté Perigo tint fidèlement ses engagements et pas un seul homme de la police ne fut même légèrement blessé.

L'optimisme commun des deux hommes sur l'avenir de ce fantôme de ville était nourri par leur passion pour l'Amazonie.

L'évêque se débattait dans une profonde contradiction puisque les Indiens qu'il protégeait depuis des décennies, n'avaient qu'un seul but, détruire Bajamira ce furoncle qui dégradait la grande forêt, alors que lui croyait encore à l'avenir de cette ville. Perigo, tout à son combat pour s'implanter dans la ville, n'avait même pas pris conscience de l'existence des Kayapos. Il les ignorait totalement, alors qu'ils étaient présents partout dans la grande forêt qui encerclait le semblant de ville qu'était Bajamira.

Un troisième groupe d'hommes et de femmes étaient profondément concernés par la ville-dépotoir de Bajamira car ils la détestaient. La construction du barrage de Belo Monte et la destruction accélérée de la grande forêt traçaient trop clairement la perspective inacceptable de leur propre disparition comme peuple digne et libre. Il s'agissait justement des Indiens du Xingu, les Kayapos.

Parmi les habitants de Bajamira, les plus faibles et les plus méprisés figuraient les Indiens. Ils se répartissaient entre des prostituées asservies, jeunes et malades, et des renégats alcoolisés voués aux plus basses besognes et régulièrement frappés par les Brésiliens heureux de trouver plus pauvres qu'eux à persécuter. Mais d'autres Indiens aux muscles puissants et à la tête haute, surgissaient de temps en temps et parcouraient calmement les rues, comme s'ils voulaient faire comprendre aux habitants de cette fausse ville, entourée par la jungle de tous côtés et perdue au bout d'un fragile ruban d'asphalte, que la forêt, les Indiens et tous les animaux sauvages étaient les vrais maîtres du monde qui les entourait et qu'ils méprisaient. Le front ceint de plumes multicolores quand ils voulaient manifester avec force et élégance leur présence dans la ville, ils se déplaçaient en groupes d'une trentaine d'hommes, armés de leurs lances et de leurs arcs, mais ils ne provoquaient jamais aucune bagarre.

2

Des nouveaux venus prétentieux et racistes avaient pris à parti le groupe des Indiens dans les rues de Bajamira, malgré les protestations des autres habitants du quartier. Deux Kayapos avaient été jetés à terre et frappés à coup de pied, quand les agresseurs se trouvèrent entourés en quelques secondes par les lances d'une vingtaine de guerriers.

Le jeune cacique indien qui les dirigeait parlait couramment brésilien, et leur dit : « Vous avez beaucoup de chance de nous avoir en face de vous aujourd'hui. Si vous aviez fait la même chose aux trafiquants colombiens, vous seriez déjà morts, et avec les ouvriers du barrage vous seriez à l'hôpital !

Nous avons promis à l'évêque de ne jamais attaquer dans les rues de la ville, et nous, nous tenons toujours nos promesses. Si ça se reproduit une seule fois, nous donnerons votre corps à la grande forêt et ça aussi c'est une promesse que nous tiendrons. »

De ce jour les pires assassins et les plus enragés bandits, présents ou nouveaux arrivants dans la ville, avaient compris le message d'autant plus facilement que les Indiens répartis par milliers dans la jungle qui entourait de toutes parts Bajamira, y entraient et en sortaient quand et comme ils voulaient sans que jamais quiconque comprît d'où ils venaient et comment ils repartaient. Les Indiens du Xingu y gagnèrent le nom d'invisibles et leurs ennemis les plus agressifs et les plus violents furent retrouvés errant dans la jungle, malades et tremblants de peur à quelques kilomètres de la ville. Outre leur qualité d'invisibles les Indiens du Xingu possédaient un atout incomparable, leur connaissance intime de la forêt et de ses dangers. Ils vivaient en harmonie naturelle avec les plantes et les animaux qui les entouraient depuis des siècles et les esprits de la grande forêt étaient leurs alliés.

Le cacique Raoni Metuktire, du peuple Yakapo avait parcouru le monde pour défendre la grande forêt menacée et pour arrêter la construction du gigantesque barrage de Belo Monte en Amazonie. Affaibli par l'âge et par son échec, il décida de transmettre le combat des Kayapos à ses petits-enfants, le jeune cacique Biraoni et sa sœur jumelle Birina. Malgré le peu d'espoir de leur mission les jumeaux âgés de 20 ans avaient rendu aux Indiens du Front de Défense de l'Amazonie leur estime d'eux-mêmes.

D'une beauté à couper le souffle, ils incarnaient une nouvelle forme de lutte pour la défense de la biodiversité. Ils adoraient tous les deux leur grand-père qu'ils avaient accompagné au cours de ses derniers voyages, et qui restait présent à leurs côtés.

Les deux jeunes gens parlaient brésilien et anglais et communiquaient régulièrement sur le web. Ils avaient même créé un groupe WhatsApp élargi aux Indiens du bassin sud de l'Amazonie.

Le jeune cacique Biraoni ayant abandonné tout espoir dans une solution pacifique mettait progressivement en œuvre des mesures d'isolement et d'affaiblissement de Bajamira qu'il voulait anéantir. Il cherchait donc des alliés. Il en parla à l'évêque qui tentait de lui faire renoncer aux actions violentes, mais qui comprenait la colère désespérée des Kayapos.

De son côté Birina, sa sœur, avait entrepris de parler à tous les Indiens vivant dans la ville pour les convaincre d'abandonner Bajamira. Elle rencontra d'abord les renégats et les métis exploités, qui, malgré leur habitude de la violence n'esquissèrent jamais le moindre geste de menace contre elle. Au contraire, ils avaient même constitué une fragile garde rapprochée pour l'escorter dans ses déplacements au cœur de la ville. Sa beauté et son élégance naturelle étaient à la fois pour elle, une arme incomparable et un danger terrible.

Quand elle vint les voir, les prostituées indiennes, surtout les plus jeunes et les plus récentes prisonnières de la cité du crime, l'accueillirent avec un mélange de surprise et de joie. Elle leur expliqua que la ville allait devenir de plus en plus difficile à vivre et que les trafiquants et souteneurs colombiens feraient tout pour conserver leur cheptel féminin et en tirer le profit maximum, sans reculer devant aucune action même la plus violente. Il fallait en partir au plus vite. À la fin de cette première journée une vingtaine de jeunes femmes indiennes la suivirent sans aucun incident pour revenir dans les villages de leur enfance. Elles avaient bénéficié de l'effet de surprise, mais les narco-trafiquants étaient fous de rage et ne pensèrent plus qu'à se venger pour restaurer l'ordre en faisant régner la terreur sur Bajamira. Son frère l'avait accueillie avec admiration à son retour, entourée d'un groupe de jeunes femmes qui riaient et pleuraient de bonheur d'avoir échappé à leurs tortionnaires.

Birina, un peu grisée par son succès, décida de repartir à Bajamira dès le lendemain sans en parler à son frère. Deux heures après son entrée dans la ville, sa fragile escorte de pauvres Indiens paumés fut entourée par des Colombiens armés et menaçants que dirigeait en personne José Ardor Colombaro, le Patron.

Avant de se retrouver en pleine Amazonie, Colombaro avait d'abord vécu dans l'agréable douceur de Bucaramanga considérée comme la plus agréable ville de Colombie. Petit caïd sans envergure, avec ses cheveux noirs, son large sourire, et son léger embonpoint il prospérait agréablement dans cette ville confortable et riche. Lassé de son inactivité le patron de Medellín lui envoya une sévère mise en garde *« José, où as-tu mis ton ardeur ? Tu ne fais rien sauf du gras car ta vie est trop facile. Trouve une idée qui double mes résultats sinon j'envoie des hommes à moi pour te remplacer »*.

Cet homme un peu passif se rendit compte soudain qu'il courait un vrai risque et pas seulement pour son business. Il proposa alors aux grands patrons de la drogue colombienne de leur ouvrir l'immense marché brésilien encore sous-exploité. Il avait d'abord éliminé les quelques petits trafiquants brésiliens qui se fournissaient en catimini auprès de producteurs colombiens indépendants situés sur la frontière commune entre le Brésil et la Colombie. Ensuite, il parvint à réduire à presque rien le trafic des Péruviens. Il contrôlait donc maintenant toutes les voies d'accès au Brésil pour le trafic de cocaïne depuis la Colombie. La nouvelle route qu'il conseillait à ses partenaires, inconnue et dangereuse mais vierge de fréquentations, traversait les grandes forêts tropicales de l'Amazonie, et son point d'ancrage dans cette zone, c'était la ville champignon pourrie et chaotique de Bajamira, créée par les Brésiliens pour construire le barrage géant de Belo Monte.

Ces empilements de bidonvilles n'étaient presque plus contrôlés par les autorités de l'État du Para. La police locale, notoirement incapable et corrompue, ne cherchait qu'à éviter les ennuis et faisait preuve d'une discrétion coupable. Seules les grandes entreprises qui avaient entrepris de piller en toute impunité les richesses de l'Amazonie maintenaient avec leurs hommes de main un semblant d'ordre nourri de violence et d'absurdité.

La concentration de paysans pauvres du Nordeste, de métis indiens à la dérive, et d'autres débris alcooliques et drogués, fournissait gratuitement à Colombaro un marché test pour la nouvelle cocaïne mieux raffinée qu'il avait décidé d'importer massivement au Brésil. Il voulait donc prendre le pouvoir à Bajamira. Mais au passage, ce brillant entrepreneur du crime avait développé une agréable activité de prostitution très rentable, avec les jeunes Indiennes qu'il avait ramassées autour de la ville.

Il en faisait lui-même une intense consommation. Dans sa conquête de Bajamira il était convaincu de pouvoir trouver un *modus vivendi* avec les grandes entreprises qui comptaient dans la ville.

Les hommes d'Oberschlecht allaient naturellement disparaître avec la fin des travaux du barrage et ils n'étaient jamais armés. Dans le genre mégalomane et cinglé le seul obstacle vraiment dangereux à ses yeux, c'était Da Souza et sa horde de paysans à machette. Mais avant de rentrer en conflit frontal avec lui, Colombaro avait décidé de lancer un programme massif d'alcool et de drogues gratuits pour tous les paysans pauvres du Nordeste qui trainaient à Bajamira et qui ne pourraient bientôt plus s'en passer. Les troupes de Da Souza allaient bientôt se décomposer sous l'effet d'une nouvelle addiction irrésistible. L'investissement consenti par Colombaro allait rapidement démontrer sa rentabilité. Il en était convaincu !

Les plus encombrants points de résistance à sa mainmise définitive sur l'agglomérat de bidonvilles qu'était Bajamira, c'étaient ceux qui essayaient d'en faire un semblant de ville et qui tentaient de rendre un peu d'honneur à ses habitants. Le minable petit évêque du Xingu incarnait à lui tout seul ce groupe insignifiant qui ne représentait aucun danger. Mais il y avait aussi les Indiens qui voulaient détruire le dépotoir pour rendre sa pureté à la grande forêt. Cette hypothèse ne lui convenait pas non plus, car Colombaro avait besoin d'un véritable point d'appui pour organiser son trafic au Brésil et même un semblant de ville pourrie pouvait lui convenir.

L'évêque du Xingu croyait encore à Bajamira, mais ses amis les plus proches, les Kayapos, ne rêvaient que de la détruire.

L'analyse de la situation par les Colombiens était d'une émouvante simplicité.

L'évêque ne comptait pour rien car il n'avait ni hommes ni armes. Les Kayapos avaient des hommes mais pas d'armes, et n'étaient que des sauvages perdus dans la jungle et voués à disparaître, leurs lances et leurs arcs à la main.

Il lui fallait cependant finir le travail et supprimer totalement toute velléité de résistance de ces Indiens qu'il allait tout simplement massacrer, et le succès serait complet. Or le destin venait de lui faire un cadeau inespéré en la personne de Birina, la sœur jumelle du cacique des Kayapos, qui, après un coup de chance, avait eu la bêtise de revenir à Bajamira pour continuer le sauvetage des jeunes Indiennes prisonnières. Et en plus cette imbécile était ravissante ! Il ne fallait surtout pas endommager la marchandise et il avait donné des consignes strictes à ses hommes pour qu'il ne lui arrive rien pendant sa captivité. Il parlait mal brésilien mais il se fit très bien comprendre de Birina « Nous ne voulons pas de mal aux Indiens et nous ne leur ferons rien s'ils nous laissent travailler tranquillement à Bajamira. Femme, tu ne peux pas venir nous enlever des travailleuses qui gagnent bien leur vie, et dont nous sommes les patrons. Tu vas maintenant venir avec nous et tu y resteras jusqu'à ce que ton frère vienne discuter avec moi pour tout remettre en ordre. Tu es notre otage et pour le moment tu n'as rien à craindre, mais notre patience n'aura qu'un temps ! »

En dehors des Indiens et des trafiquants colombiens engagés dans une lutte mortelle, deux personnes comptaient à Bajamira. Ingénieurs tous les deux, ils avaient agi pour créer des choses réelles et pas seulement des rêves obscurs issus des drogues et de l'alcool. L'une contribuait à planter des milliers de palmiers à huile dans la forêt amazonienne, l'autre avait contribué à couler des millions de tonnes de béton armé pour construire le barrage de Belo Monte.

3

Candalida Obrador Indigo, assise à côté du pilote, survolait depuis trois heures les immenses plantations de palmiers à huile du nord du Cerrado. Da Sylva, président de Palmoco, la plus grosse entreprise d'agroalimentaire du Brésil, avait envoyé sa meilleure ingénieure agronome visiter les plantations. Sur ces zones vierges qui avaient été arrachées à la forêt les résultats avaient d'abord été spectaculaires car l'humidité chaude de la forêt tropicale et les pluies abondantes fonctionnaient comme un véritable dopage des palmiers. Mais l'alerte avait été donnée par des ouvriers agricoles dans une dizaine de plantations toutes situées dans les zones récemment défrichées. Après un démarrage fulgurant, les feuilles avaient commencé à jaunir et les jeunes plants dépérissaient.

Trois atterrissages sur des plantations éloignées les unes les autres de plusieurs centaines de kilomètres, avaient permis à Candalida de confirmer son diagnostic. Comme elle l'avait supposé, c'était bien le chancre du palmier qui se développait en creusant le tronc de l'arbre et en le détruisant en quelques mois. Mais elle n'avait jamais vu le chancre détruire aussi vite des kilomètres carrés de palmiers à huile.

Da Sylva avait en effet décidé de ne planter que du palmier Ténéra, la variété la plus productive d'Amérique Latine, sur les millions d'hectares de terres nouvelles arrachées à la forêt amazonienne. Candalida avait pourtant tout fait pour dissuader l'empereur du palmier de ne planter qu'une seule variété sur d'aussi gigantesques surfaces, car en cas d'épidémie rien ne pourrait l'arrêter. Au stade où elle était parvenue la maladie n'aurait pu être enrayée que par des injections répétées et sous pression dans le tronc de chaque arbre contaminé.

Sur des millions de palmiers l'opération était impossible à réaliser, tant techniquement que financièrement.

Candalida avait été formée dans la meilleure école d'agronomie du Venezuela. Elle était une vraie scientifique, convaincue du progrès que représentaient les techniques modernes de production. Elle répétait souvent avec une conviction soutenue *« Les végétaux ne sont que des machines comme les autres que l'on peut contrôler et diriger en connaissant et en respectant leurs règles. Et c'est comme ça qu'on réussira à nourrir les multitudes humaines qui peuplent le monde ! »* Elle s'en voulait donc beaucoup de cette idée ridicule, qu'elle n'avait heureusement exprimée que par la pensée, selon laquelle la maladie galopante des palmiers serait imputable au rejet des palmiers par la terre de la jungle.

Pourtant, cachée dans un tout petit coin de sa tête, bien loin derrière les certitudes scientifiques et rationnelles, une voix grave et douce lui parlait en lui rappelant les leçons de respect de la nature qu'elle avait reçues. C'était celle de son grand-père, Primer Indiano, qu'elle appelait Indi quand elle était petite.

La fazenda de la famille Obrador au Venezuela était située à la limite de la grande forêt tropicale, qui fournissait à Indi l'inspiration pour de merveilleux contes et le cadre mystérieux de promenades surprenantes destinées à ses petits-enfants. Indi était effectivement un Indien de haut rang du peuple kayapo, superbe, élégant et charmeur qui avait séduit puis épousé la grand-mère de Candalida qui était jeune, belle et volontaire. Amoureuse de Primer Indiano, elle voulait l'épouser et elle ne transigea jamais sur son objectif malgré la réticence de la famille, d'autant plus injuste qu'Indiano avait été converti au catholicisme et éduqué par les Pères.

Ce couple hors norme au moment où il s'était créé, se révéla dans la durée le plus intense et le plus solide de la grande famille Obrador. Homme courageux et intelligent, ce fut lui qui résista aux troubles politiques récurrents du Venezuela et qui sauva plusieurs fois la fazenda avec l'aide de son peuple, les Kayapos.

Mais aux yeux de toute la famille et surtout des enfants, il fut avant tout un grand-père inoubliable qui ouvrit pour tous les portes du rêve et leur offrit le plus beau des cadeaux : l'amour de la nature. Il rassemblait autour de lui, dans la grande cour de la fazenda, les enfants de tous les âges, et après leur avoir conté les aventures du jaguar et les mésaventures du tatou, il les emmenait découvrir la jungle qu'il apprivoisait en douceur et expliquait à ses auditeurs attentifs.

Candalida était la plus passionnée de nature parmi ses petits-enfants et il l'emmenait en marchant tout doucement jusqu'au bord de la rivière où ils s'arrêtaient tous deux, éblouis par des dizaines de colibris scintillant de couleurs et volant immobiles devant le cœur des fleurs. Dès son plus jeune âge son grand-père avait appris à sa petite-fille préférée quelques mots de kayapo, la langue de sa tribu.

Et l'élève bénéficiait d'une chance particulière car elle avait en plus une professeure pour elle à la maison. Sa grand-mère, la femme d'Indiano, était ravie d'apprendre la langue de son mari tant aimé, à sa petite-fille. Ils se retrouvaient tous les trois comme des conspirateurs pour parler ensemble kayapo, et cela amusait autant les grands-parents que leur petite élève. Mais les trois compères devaient finir par se faire prendre.

Candalida avait environ 7 ans quand son père lui avait proposé une grande expédition dans la forêt voisine avec un jeune guide kayapo car on pouvait facilement se perdre dans la jungle.

Après deux heures de marche tracée à la machette dans la forêt dense, la fillette était fatiguée et elle avait tellement soif qu'elle oublia toute prudence et dit au jeune guide indien dans un kayapo digne de l'Académie « Eh Jorguido, j'en ai assez et je suis fatiguée ! Tu peux me trouver de l'eau et un abri pour se reposer ! » Le jeune indien qui l'avait souvent vue dans la forêt avec son grand-père et qui l'adorait, lui répondit en kayapo :« Tu aurais dû me le dire plus tôt ! Bien sûr je te cherche tout ça et je reviens très vite. »

Son père qui connaissait trois mots de kayapo la regarda muet de surprise, mais il sourit et lui dit avec humour « Encore un tour de mon Indien de père, mais c'est un joli tour. Bravo Candalida, c'est un exploit que tu as accompli là, et je devine que tu avais au moins deux complices que je connais comme professeurs. Ce soir on fera une fête kayapo à la maison ! »

Mais son grand-père ne lui avait pas seulement appris la langue de sa tribu, il lui avait aussi enseigné les langues de la forêt, celle des animaux et celle des arbres, celle des oiseaux et celle des insectes. Toutes les formes de vie étaient familières à Indiano et à chaque halte devant une nouvelle incarnation de la beauté du monde sauvage, il lui répétait de sa voix grave « Candalida n'oublie jamais que tous les animaux, les plantes et les arbres sont comme nous des êtres vivants et que nous devons partager la Terre avec eux. Je sais que tu feras de grandes études pour mieux comprendre le monde, mais j'espère que tu te souviendras encore des conseils de ton vieux grand-père indien ! »

La plus grande ingénieure agronome du nord du Brésil était une réfugiée du Venezuela qui avait dû fuir avec une partie de sa famille pour survivre face au dictateur et à ses sbires.

Elle était la seule à avoir un bon métier et un revenu décent, et c'était elle qui faisait survivre sa grande famille désespérée qui avait tout perdu. Elle savait qu'elle devait atterrir ce soir à Bajamira pour rendre compte à Da Sylva, le patron tout puissant de Palmoco, et elle avait peur, car elle n'avait que de mauvaises nouvelles à lui annoncer et il n'admettait pas l'échec. Quand il était en colère il était très dangereux.

Carl Donnermann était à la fois le patron des ouvriers d'Oberschlecht sur le chantier du barrage de Belo Monte, et leur exemple. À dire vrai son métier s'apparentait plutôt à celui d'un chef d'orchestre qui aurait dirigé plusieurs centaines d'instruments. Responsable du chantier pharaonique du barrage de Belo Monte il entraînait et motivait les hommes dans cette aventure collective, mais il les contrôlait avec rigueur. Il faisait respecter les délais et les coûts, et le taux d'accidents du travail sur ce chantier immense et compliqué était le plus faible de tous les barrages d'Oberschlecht. Célibataire on ne le voyait pourtant jamais dans les bars de Bajamira car il donnait tout son temps au barrage.

En contrepartie il était le seul cadre d'Oberschlecht à Bajamira capable de reconnaître la plupart des ouvriers sur le chantier du barrage. Curieusement son principal bonheur semblait surtout de partir seul, sa machette au côté, pour de grandes marches dans les forêts denses et hostiles qui entouraient le chantier. Les Indiens l'avaient souvent vu passer seul dans la grande forêt, promeneur calme et serein. Et pour cela ils le respectaient.

Le grand patron d'Oberschlecht à Bajamira était furieux de le voir partir à l'aventure car l'homme était beaucoup trop précieux sur le chantier pour qu'on le laisse ainsi risquer sa peau. Mais Donnermann n'était pas une marionnette et il lui répondit « Ma peau est à moi, j'en fais ce qui me plaît.

Et je veux comprendre les conséquences de ce que nous sommes en train de construire ici. » Il connaissait l'hostilité viscérale des Indiens au barrage de Belo Monte et il les comprenait en partie, car il voyait lui aussi les immenses blessures que cet ouvrage géant provoquait dans la forêt d'Amazonie.

Mais il n'était pas seulement animé par son orgueil professionnel de constructeur d'un des plus grands barrages du monde.

Il partageait encore la conviction des colonisateurs de l'Afrique au cours des derniers siècles, quand les plus sincères d'entre eux pensaient que tous ces ouvrages, ports, routes, trains et barrages pourraient bénéficier autant aux peuples indigènes qu'aux colonisateurs européens.

Né au sud de l'Allemagne aux portes de la Forêt noire il avait passé son enfance à courir et jouer avec ses deux frères dans leur jardin situé à la lisière de la calme forêt sur laquelle régnaient les hêtres et les chênes centenaires. Son père vétérinaire soignait les vaches Holstein des belles fermes d'élevage qui prospéraient autour d'eux, et sa mère racontait tous les soirs aux garçons qui l'écoutaient fascinés, les nombreuses légendes des forêts allemandes.

Les garçons avaient été élevés dans la foi catholique, répandue dans le sud de l'Allemagne, et la famille pratiquait une religion sincère et tolérante.

Carl écoutait avec plaisir les contes et légendes des vieilles forêts mais il était le plus concret des trois fils et voulait à tout prix construire des ouvrages et des choses utiles et visibles. Il rejoignit donc la Bauhaus Universität à Weimar où, il se spécialisa dans le *« génie civil consacré aux risques des structures »,* domaine dans lequel sa minutie et sa rigueur furent particulièrement appréciées. Il choisit le secteur des barrages dont il disait avec un certain humour *« C'est un domaine où l'à peu près n'existe pas.*

Il n'y a pas de session de rattrapage ! Et en plus, ça donne à boire aux hommes ! »

Pendant ses études il fut remarqué par un directeur technique d'Oberschlecht, la plus grande entreprise de travaux publics d'Allemagne et il fit un stage passionnant sur le chantier d'un grand barrage sur l'Elbe. Au moment des énormes crues de 2013 il accompagna sur ce barrage l'ingénieur responsable de la construction de l'ouvrage, qui était situé en amont de la ville de Magdebourg avec ses 250 000 habitants et il assista à son effondrement. Peu de morts furent à déplorer car on avait pu déplacer en urgence plus de 36 000 personnes. Carl Donnermann fut traumatisé par cet évènement, mais il devint le meilleur ingénieur barrages de la multinationale que devenait Oberschlecht. Quand l'entreprise gagna l'appel d'offres international du barrage de Belo Monte au Brésil, en pleine Amazonie, le chantier lui fut naturellement confié.

Ni Candalida Obrador ni Carl Donnerman n'aimaient la ville de Bajamira. Elle n'y venait que pour subir les agressions du patron mégalomane de Palmoco et lui, fier d'avoir construit avec ses hommes le quatrième plus grand barrage hydroélectrique du monde, était très mal à l'aise devant la conséquence nauséabonde de ce barrage, la ville pourrie de Bajamira. Les milliards de tonnes d'eau tombées sur la ville au cours des dernières semaines donnaient l'impression que le ciel lui-même voulait nettoyer la grande forêt de toute sa pourriture pour lui rendre sa verdure triomphante.
Il pleuvait presque sans interruption depuis un mois sur l'Amazonie. Les hommes ne s'entendaient plus parler car le bruit de la pluie couvrait tout. L'air était tellement saturé d'eau qu'il devenait difficile de respirer. La lumière du jour éclipsée par de gros nuages noirs, se faufilait avec peine entre les gouttes d'eau serrées de la pluie diluvienne.

4

Les animaux terrestres eux-mêmes avaient du mal à s'y déplacer en temps ordinaires, et maintenant ils n'y allaient plus du tout parce que les caïmans et les crocodiles disposaient d'un nouveau terrain de chasse généreux et dix fois plus étendu grâce à l'inondation. La *mata de varzea* rassemblait de beaux arbres de dix à vingt mètres de haut et elle était rarement inondée. Mais l'intensité permanente des pluies avait aussi submergé cette zone et avait rendu dangereux tout déplacement dans la forêt. En effet, on ne pouvait plus distinguer où commençaient et où finissaient les berges du fleuve Xingu et de ses affluents. D'un côté de cette limite indétectable on réussissait à marcher, mouillé jusqu'à la taille mais sans risque particulier.

À quelques mètres de là, et sans pouvoir le deviner, on tombait brutalement dans le fleuve profond parcouru d'intenses courants et d'animaux dangereux.

La ville de Bajamira située en aval du barrage de Belo Monte était à 109 mètres d'altitude par rapport au niveau de la mer et le fleuve Xingu devait encore couler sur des centaines de kilomètres avant d'atteindre l'Atlantique. La pente du fleuve était donc faible et sa capacité naturelle de vidange était très faible. À cause de cela l'eau ne s'écoulait plus et commençait à stagner aux abords de la ville et dans les favélas construites par facilité dans les zones basses et plutôt plates situées dans et autour de l'ancien lit du fleuve.

Ces derniers jours des dizaines d'imprudents et d'habitants récents de Bajamira, partis en promenade curieuse vers le fleuve avaient brutalement disparu dans l'eau noire et lourde sans aucun espoir de les retrouver.

Ces accidents connus de tous, avaient créé une atmosphère d'inquiétude et un début de peur pour ceux qui ne connaissaient pas la grande forêt tropicale et qui n'y mettaient jamais les pieds.

Au lieu que la forêt soit avant tout un décor végétal plutôt agréable mais lointain et sans danger, la pluie avait transformé la végétation en une force diffuse et dangereuse dont il valait mieux se méfier. Personne n'exprimait clairement cette crainte car cela paraissait un peu ridicule dans une ville où avait été construit l'un des plus grands barrages jamais édifié par les hommes. La croissance exubérante de toutes les plantes stimulées par la chaleur et l'arrosage intensif venu du ciel, commençait à envahir les lieux ordinaires de la vie citadine.

Toutes ces verdures triomphantes et incontrôlables semblaient reprendre le pouvoir sur les territoires que la ville leur avait volés. Les parcs publics étaient devenus des morceaux de jungle encombrés d'animaux et d'oiseaux qui se juchaient sur les buissons et les arbres bas pour échapper à l'eau stagnante, et pour échanger leurs cris bruyants et incessants. Dans ce milieu chaud et humide les insectes proliféraient à une vitesse exceptionnelle. Des millions de moustiques dominaient les favélas fétides en exaspérant les hommes de leurs incessantes piqûres, tandis que les frelons plus puissants et plus dangereux imposaient leur domination à tous les mammifères, animaux et humains, réunis dans une même crainte de ces cruels insectes.

Les habitants de la ville désormais exposés à tous les dangers de la jungle, ne trouvaient pas dans les murs illusoires de cette cité ratée, la moindre protection contre l'offensive commune de la pluie et de la nature amazonienne. Bajamira était essentiellement parcourue par des pistes en terre que les pluies avaient détrempées et que les voitures et les chariots des paysans avaient défoncées. Il était presque devenu impossible de circuler en voiture dans la ville, et un nouveau paradoxe humoristique et social s'imposait clairement.

Les riches et belles automobiles ne pouvaient plus circuler, tandis que les paysans, avec leurs mules et leurs vieux chariots, étaient devenus les rois du transport urbain.

Les plus pauvres d'entre eux pouvaient encore se déplacer d'un quartier à l'autre avec leurs chariots délabrés mais légers venus du Cerrado ou du Nordeste. Ils ne craignaient pas l'eau, et leurs mules décharnées mais increvables tiraient sans rechigner les charges les plus lourdes. De leur côté, les petits ânes participaient aussi à la fête des sans-grades en prenant leur modeste part du service de transport improvisé qui permettait encore à la ville de fonctionner.

Presque toutes les automobiles étaient arrêtées dans les rues, et stationnant n'importe où, elles bloquaient encore plus la circulation. Quelques voitures de police dotées de grandes roues et de larges pneus parvenaient encore à progresser quand elles n'étaient pas immobilisées par la pagaille liquide. Devant les superbes immeubles des grandes sociétés les limousines étaient comme les autres véhicules, enfoncées dans la boue et dans les rigoles qui charriaient excréments et ordures. Tant qu'il pleuvait, les odeurs fétides étaient noyées dans l'eau, mais à la moindre accalmie les remugles nauséabonds reprenaient le dessus et l'atmosphère devenait irrespirable.

Seuls les Kayapos n'étaient pas du tout gênés par la pluie incessante et par l'inondation qui l'accompagnait car leurs grandes maisons en bois construites sur pilotis permettaient aux enfants de sauter plus facilement dans l'eau tout en gardant leur maison au sec. Leurs déplacements en pirogues étaient même facilités par l'abondance de l'eau autour et dans la ville.

Des circonstances particulières allaient enfin faire prendre conscience à Perigo et à ses hommes de l'existence des Kayapos, incarnations étranges et fluides de la puissance retrouvée de la nature en Amazonie.

5

Ce jour-là les Indiens vêtus de tenues tout à fait ordinaires, étaient beaucoup plus nombreux que d'habitude dans la ville mais personne ne s'en rendait compte car les habitants marchaient les épaules basses et la tête penchée en avant pour échapper aux averses incessantes. Cette pluie ne semblait pas gêner le moins du monde le cacique Biraoni et les guerriers qui l'accompagnaient. Ils marchaient lentement la tête haute sous la pluie chaude qui les caressait et qui les transformait en statues de bronze animées. Mais leurs visages étaient crispés et tendus, car ils savaient que malgré leur courage ils risquaient de périr sous les balles des Colombiens. Ils se rendaient à la cathédrale où l'évêque Erwin Stark les attendait pour organiser la délivrance de Birina, la sœur de Biraoni, prisonnière des narco-trafiquants. Cette dernière avait été capturée avec une demi-douzaine d'Indiennes exploitées dans les bordels de Bajamira et elles étaient enfermées dans la grande maison de maître où s'étaient installés les narco-trafiquants.

La plupart des jeunes indiennes, ne parlaient pas brésilien et connaissaient à peine la ville sauf une, plus âgée, Anna, qui avait vécu auparavant à Bajamira. Originaire du village de Birina elle l'avait reconnue, et, après des années de prostitution et de coups, elle avait décidé de fuir avec elle.

Les Colombiens étaient tellement sûrs d'eux qu'ils n'avaient pas entravé les femmes mais les avaient seulement enfermées dans le péristyle de la maison. Organisés, ils avaient pris la précaution de fermer à clé toutes les portes qui donnaient sur l'intérieur de la maison et sur la rue.

Très bien armés et disposant encore d'abondantes munitions, ils ne ressentaient aucune appréhension à l'idée que les redoutables Indiens, avec leurs lances et leurs arcs, allaient peut-être les attaquer. Cela les amusait même beaucoup.

Birina était absolument certaine que son frère viendrait la délivrer avec ses guerriers.

Elles décidèrent donc avec Anna de repérer dans la maison des lieux propices pour se cacher au lieu de rester bêtement planté au milieu du péristyle à attendre les balles. Anna comme elle, pensait que la confrontation serait violente et que les armes parleraient. Il fallait donc se jeter au sol au premier coup de feu.

Birina avait remarqué que les deux portes entre le péristyle et le jardin n'étaient pas fermées. Elle avait simplement prévenu les filles qu'il faudrait s'enfuir par là aussi vite que possible, dès que la fusillade aurait commencé. En attendant, elles étaient toutes restées sagement assises sous les arcades du péristyle pour se protéger des trombes d'eau qui se fracassaient sur les toits avec un bruit si fort que l'on ne s'entendait pas parler.

La violence des averses avait nettement affaibli les dévotions des fidèles à la cathédrale et les Indiens qui accompagnaient Biraoni purent rentrer discrètement dans l'édifice où l'évêque les accueillit avec beaucoup de joie. Les premiers habitants de la grande forêt avaient développé une profonde et solide méfiance vis-à-vis de tous les « Blancs » qui envahissaient et détruisaient chaque jour un peu plus leur milieu naturel. La construction du barrage géant de Belo Monte avait cristallisé l'opposition des tous les peuples indiens du sud de l'Amazonie. L'inondation volontaire et la destruction de 20 000 km2 de forêts avaient été considérées par eux comme un véritable crime contre la grande forêt et une provocation contre ses premiers habitants.

Parmi les hommes courageux qui apportèrent leur soutien à la lutte des Indiens contre le barrage, figura dès le premier jour l'évêque du Xingu, Erwin Stark. Malgré les pressions politiques, les vigoureuses critiques de sa position par la hiérarchie catholique et les menaces de mort dont il fut l'objet, il ne changea jamais d'opinion et y gagna le respect et la confiance des Kayapos bien au-delà du Xingu. Erwin Stark avait été particulièrement touché par le courage de Birina, partant toute seule délivrer les jeunes prostituées indiennes prisonnières des bordels des trafiquants colombiens, et le succès de sa première expédition l'avait ému et inquiété.

Quand il avait appris qu'elle était prisonnière des plus dangereux criminels de Bajamira, qui en comptait pourtant beaucoup, il avait eu une idée un peu étrange qu'il voulut soumettre à Biraoni.

La pluie tombait avec une telle force sur les plaques de tôles ondulées qui protégeaient vaguement la cathédrale des pauvres, qu'un bruit infernal empêchait tout échange. L'évêque emmena donc Biraoni dans sa petite maison couverte de grosses tuiles de terre cuite sous lesquelles le bruit était supportable. Le prêtre connaissait le jeune homme depuis sa naissance puisqu'il avait été un des plus fidèles amis du grand chef Raoni Meluktire, son grand-père, et il voulait à tout prix empêcher le jeune cacique de partir seul et directement à l'assaut du repaire des trafiquants. Il prit le risque de lui dire la vérité « Biraoni, tu sais que j'ai toujours été le soutien des peuples indiens de l'Amazonie et que ton grand-père est mon meilleur ami. Je t'en supplie n'attaque pas les Colombiens avec tes courageux guerriers, leurs lances et leurs arcs. Les autres ont des armes lourdes et des mitrailleuses. Ils vont vous massacrer et Birina restera leur prisonnière pour la vie. Il te faut des alliés armés et combatifs. Tu vas être stupéfait et tu vas me prendre pour un fou mais je t'ai trouvé un allié, Perigo de Morte, le patron du PCC à Bajamira.

Je sais que c'est un tueur et que le Premier Commando de la Capitale qu'il dirige est devenu en quelques années l'une des plus grandes organisations criminelles du Brésil. Mais dans toutes les prisons du pays où ils ont pris le pouvoir les hommes du PCC appliquent leur règle : la paix, la justice et l'égalité. Je l'ai invité à nous rejoindre ici. J'espère que tu ne m'en veux pas. » Biraoni, malgré l'impulsion de la jeunesse qui l'aurait précipité à l'assaut, avait écouté attentivement son ami le vieil évêque du Xingu. Il ne pouvait engager aucune lutte sans armes automatiques. Et pour l'avenir, il avait désespérément besoin d'alliés à Bajamira.

Un coup fut frappé à la porte de la minable petite maison un peu délabrée qui abritait Monseigneur l'évêque du Xingu, et un homme seul, brun aux traits fins et au visage intelligent, ouvrit la porte d'entrée avec hésitation. L'évêque portait une vieille soutane usagée de prêtre catholique sans aucun signe distinctif, et il accueillit avec un grand sourire son nouvel hôte bien qu'il fût surpris d'avoir en face de lui un homme aussi jeune. Erwin Stark le remercia chaudement d'avoir accepté d'entrer seul dans la maison car il savait que le patron du PCC était toujours entouré d'une forte équipe de gardes du corps armés.

Perigo prit la parole avec cette douceur volontaire qui pouvait précéder l'entretien le plus calme comme l'intervention la plus meurtrière « Monseigneur, merci de m'accueillir dans la maison de Dieu qui est aussi la vôtre. Vous m'avez demandé de venir seul vous voir, je suis donc venu seul. Et je constate que le cacique des Kayapos est lui aussi venu seul vous voir. Cela augure bien de nos futures relations dit-il en souriant et il tendit la main à Biraoni qui la prit dans la sienne avec un visage calme et attentif. »

L'évêque ajouta en riant « Merci à vous deux pour cet accueil respectueux mais il me semblerait utile que les deux patrons aillent dans la cathédrale expliquer à leurs hommes, qu'ils ne sont pas en face d'ennemis, mais peut-être même un jour, d'alliés. » Biraoni et Perigo étaient tous les deux des meneurs d'hommes, et ils comprirent immédiatement que l'évêque avait raison. S'ils ne faisaient rien les relations entre les deux groupes d'hommes pourraient rapidement passer de la méfiance à l'hostilité.

Le mélange hétérogène de malfrats et de criminels réunis autour de Perigo constituait la troupe la plus instable et la plus difficile à contrôler. Ils avaient déjà manifesté une forte réticence à entrer dans l'église, et ils se demandaient visiblement ce qu'ils faisaient là.

Les Kayapos emmenés par leur jeune cacique pour délivrer sa sœur appartenaient à un même peuple méprisé, et nombreux étaient les catholiques parmi eux. Ils étaient donc unis et ils respectaient l'évêque du Xingu. Erwin Stark passa devant les deux hommes pour ouvrir la porte de l'église et, en accord avec Biraoni, il fit volontairement entrer Perigo le premier.

Les hommes du PCC et les Indiens s'étaient répartis spontanément de chaque côté de l'allée centrale qui séparait les deux côtés du vaste hangar dégradé qu'était la cathédrale de Bajamira. Perigo prit immédiatement la parole sur un ton énergique et volontaire en se tournant vers ses hommes « Nous avons pris le contrôle de la prison de Bajamira, sans une seule victime chez nous. Nous avons eu beaucoup de chance. Mais restons les pieds sur terre. Nous venons d'arriver ici. Nous ne connaissons pas la ville, qui est considérée comme l'une des cinq villes les plus dangereuses du Brésil.

Nous n'avons que des ennemis autour de nous, et ils veulent, soit nous chasser, soit nous supprimer.

Nous devons absolument trouver des alliés. C'est pourquoi nous sommes ici aujourd'hui dans cette église ».

Le gros Barracuda, plus de 2 mètres et 150 kilos, presque sans graisse et tout en muscles était le plus dangereux des hommes du PCC, mais c'était un admirateur fervent de Perigo. Il faisait tout ce que le boss lui demandait et même ce qu'il ne lui avait pas encore demandé, mais que

Barracuda avait deviné. Il avait une grande influence sur les hommes rassemblés par le PCC à Bajamira car il était avec Perigo de Morte quand ce dernier avait pris le contrôle de la prison centrale de Rio de Janeiro. Barracuda écoutait avec attention les explications du patron et son silence avait valeur d'exemple pour les autres qui se taisaient.

Perigo renforça alors le ton de sa voix et sa portée pour leur faire comprendre qu'il avait pris une décision « Erwin Stark, l'évêque du Xingu nous accueille dans son église et nous offre son aide. Il vit dans la région depuis 40 ans et il est respecté de tous. Ses amis les Indiens qui sont autour de nous vivent dans la grande forêt depuis des siècles et la connaissent dans les moindres recoins. Ils nous demandent un service et nous allons le leur rendre pour leur montrer que nous voulons être leurs amis, et que nous avons tous intérêt à travailler ensemble. »

L'évêque était manifestement surpris par le calme et la lucidité de Perigo de Morte, ce criminel chef d'une bande de criminels, dont l'analyse de la situation était si pertinente. Il ne le montra pas, et fit seulement signe à Biraoni, cacique des Kayapos, de prendre la suite.

Biraoni prit la parole dans un brésilien parfait qui surprit même les hommes de Perigo, qui l'écoutèrent avec attention « Ma sœur jumelle Birina est retenue en otage par les trafiquants colombiens. Ils l'ont enlevée parce qu'elle avait réussi à délivrer de jeunes Indiennes qu'ils violentaient et faisaient travailler dans leurs bordels de Bajamira.

Je vous le dis avec simplicité : nous sommes des guerriers courageux mais nous n'avons presque pas d'armes à feu. Comme me l'a dit l'évêque, si nous y allons seuls nous serons massacrés. Vous devez vous dire : quel intérêt avons-nous à nous faire trouer la peau pour des Indiens plutôt sympathiques mais aussi faibles ? »

« Et vous avez raison de vous poser cette question. Dans le monde organisé et encore un peu sec de la ville, nous n'avons pas beaucoup d'intérêt pour vous. Avec l'inondation qui submerge Bajamira, nous pourrions devenir des alliés utiles. Faites l'expérience de vous éloigner de 500 mètres de la limite de la ville et vous changerez peut-être d'avis sur notre inutilité » dit-il avec un grand sourire.

À ce moment précis, une grosse voix sortit de la bouche d'un géant hirsute et balafré. C'était Barracuda qui se tourna vers Perigo en lui disant « Patron, je peux leur dire ce que j'ai vécu dans la jungle ? »

Perigo sourit et lui fit signe de la tête. « Il y a 10 ans, j'étais pas encore au PCC, j'avais 10 kilos de moins et mon cerveau était plus léger aussi. Des vieux chercheurs d'or racontaient de belles histoires sur les trésors cachés de l'Amazonie. Nous étions trois, sans un sou et prêts à tout. Le plus coriace des garimperos prétendait savoir où était l'ancienne Cité de l'or, inaccessible sauf au cœur de la saison la plus sèche. Après c'était trop tard car la montée des eaux interdisait alors tout accès.

Après 3 jours de marche on avait buté sur quelques vieux murs de grosses pierres et on avait creusé avec les bêches et les pioches si lourdes qui avaient douloureusement meurtri nos épaules. La pluie avait commencé à tomber et on avait creusé de plus belle pendant des heures sans aucun répit. Épuisés, on avait dormi sur place mal protégés par un bout de tente. Au réveil on ne reconnaissait plus rien. La pluie avait tout recouvert et effacé les traces de notre chemin de retour.

On était perdus, complètement perdus. Mes compagnons ont succombé, empoisonnés après avoir touché des saloperies de petites grenouilles jaunes et venimeuses ou piqués par des serpents d'eau qui grouillaient autour de nous. Ce sont des Indiens qui m'ont trouvé et soigné. Ils m'ont sauvé la vie. Je suis donc prêt à les aider pour délivrer les prisonnières. Et les narcos colombiens sont des salauds sans aucune pitié. Il faut faire vite.

Et je vous assure les gars que dans la jungle et sous la pluie les maîtres de la forêt, ce sont les Indiens ! » ajouta-t-il en riant.

Perigo reprit rapidement la parole avec une lueur d'amusement dans le regard « Merci Barracuda de nous avoir raconté ta triste histoire sans jouer les gros bras alors que tu es bien équipé sur le sujet ! »

Sa blague avait fait mouche et toute sa troupe riait de bon cœur. L'atmosphère commençait à se détendre dans le hangar-cathédrale. Quelques Indiens qui parlaient un peu brésilien avaient compris que le géant avait dit qu'il allait les aider à délivrer les prisonnières et ils en parlaient entre eux, visiblement satisfaits de ce soutien. Biraoni s'était rapproché de Perigo et lui serra la main en ne disant que quelques mots en brésilien puis en les répétant en kayapo.

« Vous êtes les hommes de la lumière, de la violence et du bruit. Sur la terre ferme vous êtes les maîtres. Nous sommes les hommes de l'ombre, du silence et de l'eau. Dans la forêt nous sommes les maîtres. Ensemble, nous serons invincibles ! »

La vague de l'ovation monta jusqu'aux poutres du toit et rebondit sur les tôles ondulées, qui avaient cessé de recevoir la pluie pendant quelques instants. Hommes de main du PCC, anciens malfrats et criminels joignirent leur voix à celles des Kayapos, qui avaient entamé un chant de guerre dont la puissance impressionna toute l'assistance.

L'évêque, ravi de ce rapprochement prit une minute pour les bénir, et ils s'agenouillèrent tous devant lui, du jeune Indien récemment converti au plus endurci des criminels du PCC, car Perigo, le premier à genou, avait montré l'exemple.

Les deux hommes avaient décidé de passer à l'action ensemble, mais de façon précise et pas avant la nuit. Leur atout serait la surprise, leur faiblesse était qu'ils ne savaient pas où les filles avaient été enfermées à l'intérieur de la belle maison des Colombiens. Or il fallait absolument le savoir avant d'attaquer. Biraoni décida d'envoyer aux nouvelles l'un des plus jeunes Indiens que tout le monde appelait le Chat, car il se déplaçait partout sans un bruit. L'évêque avait été reçu autrefois dans cette maison et il se souvenait qu'il y avait un grand péristyle dans lequel, jeune prêtre, il avait dit la messe à la demande de Don Vero Benazar, malade. L'assemblée était si nombreuse qu'une partie de l'assistance avait suivi l'office dans le potager contigu qui communiquait par deux portes avec le péristyle.

Il avait donc été décidé que les hommes du PCC, soigneusement protégés et cachés déclencheraient une fusillade massive sur toutes les fenêtres de la maison donnant sur la rue, pour y fixer les tireurs colombiens. Pendant ce temps les Indiens cachés dans les arbres du jardin, récupèreraient les filles et les emmèneraient le plus vite possible vers la zone où l'inondation avait déjà submergé un quartier de la ville. Les pirogues dissimulées et gardées, attendraient les fugitives.

Le Chat avait trouvé la maison, et sur la base des souvenirs du jeune Erwin Stark, il était rentré sans encombre dans le verger planté de toutes sortes d'arbres fruitiers. Perché dans un arbre aux feuilles denses et épaisses, il avait commencé doucement à imiter le chant si spécial du jacazar à gorge bleu, que tous les enfants indiens s'amusaient à reproduire et connaissaient.

La plus jeune des prisonnières, assise dans le péristyle reconnut avec surprise ce chant peu habituel dans une grande ville. Elle le dit tout de suite à Birina qui se leva discrètement et passa dans le verger.

Le Chat la vit immédiatement et descendit de son arbre. Birina l'accueillit avec joie. En trois minutes le repli des filles sur le jardin et leur fuite vers les pirogues furent organisés. L'opération aurait lieu ce soir.

Le Chat méritait bien son nom car personne ne l'entendit revenir à la cathédrale, mais il apportait les informations les plus précieuses.

Deux heures plus tard les fenêtres sur rue de la maison des Colombiens se brisaient sous les balles et les gardiens postés à l'extérieur furent abattus. L'affolement des hommes était complet et les Indiens déjà cachés dans le jardin n'eurent aucun mal à emmener les filles qui les rejoignirent car aucune surveillance n'avait été mise en place sur l'arrière de la maison. Une seule des prisonnières complètement affolée et tétanisée par la fusillade resta sur place paralysée de peur. Les autres s'enfuirent en douceur sur les pirogues kayapos et rentrèrent dans leur village.

Cette victoire sur les Colombiens devait tout à l'alliance improbable entre les Indiens et les malfrats criminels du PCC qui avaient commencé à se connaître.

La plus nombreuse des bandes armées de Bajamira avait peu d'armes à feu mais des centaines d'hommes armés de machettes qui déferlaient sur la ville au premier ordre de Da Sylva, le patron tout puissant de Palmoco. Cette force brute restait intacte.

Candalida, avait soigneusement relu tous les comptes-rendus de ses visites dans les plantations de palmiers à huile situées sur les zones forestières récemment défrichées.
Sa conclusion était d'une banalité déprimante. La maladie du chancre se développait beaucoup plus rapidement qu'ailleurs dans les plantations récentes gagnées sur la forêt tropicale et les éventuels traitements étaient impraticables sur des millions de palmiers. Elle avait trainé autant qu'elle avait pu avant de rencontrer le patron de Palmoco, Da Sylva mais aujourd'hui elle avait été convoquée par lui.

Le siège social de Palmoco, était un mélange de palais baroque napolitain et de résidence anglaise néo-gothique dans laquelle de pseudo-colonnes corinthiennes se promenaient un peu perdues. Ce très grand bâtiment reflétait avant tout la mégalomanie de son propriétaire. Après avoir attendu pendant plus d'une heure dans le hall d'entrée où des palmiers de 15 mètres de haut poussaient triomphants, elle fut introduite dans une salle imposante.

Da Sylva était assis à l'extrémité d'une table en bois verni d'une quinzaine de mètres de long, entouré de deux groupes d'hommes radicalement différents.

À droite, des bureaucrates en costume classique et visiblement apeurés, gardaient sur leur visage les traces de la dernière engueulade du grand patron. À gauche des brutes armées et très détendues étaient sans doute les gardes du corps ou les exécuteurs des basses œuvres du patron. Mais Candalida en connaissait un, Brutante, le bras droit de Da Sylva, brutal et peut-être même plus cruel que son patron. Sa présence à la réunion inquiétait beaucoup la jeune femme.

Candalida avait déjà rencontré Da Sylva et ses sbires, terrifiés ou détendus, selon le côté de la table où ils étaient assis. Il lui fit signe et elle s'assit poliment au milieu de la table, en face de lui. Il était presque aimable « Alors petite, j'espère que tu n'as que des choses agréables à me raconter car tous ces bureaucrates en costume que je paie si cher, ne m'apportent que des ennuis : baisse des ventes de l'huile de palme à cause des campagnes des écolos. »

Elle connaissait le personnage et ce n'était pas le bon moment pour lui annoncer que des milliers de ses palmiers adorés allaient dépérir. Mais il aimait quand même qu'on dise les choses comme elles étaient, et elle le savait « Patron, aujourd'hui je ne ferai pas mieux que vos autres experts, même si je ne porte pas de costume ! J'ai parcouru des dizaines de plantations de Palmoco, dans des zones défrichées sur la forêt au cours des trois dernières années. Le démarrage a été impressionnant avec des palmiers florissants ! » Il l'interrompit « Pourquoi tu fais la gueule petite ? C'est bien ça, et tu as fait un bon boulot ! Et en plus tu gardes le sens de l'humour, ça me change de tous ces mollusques en costume ! »

Candalida se dit, je vais rentrer dans le dur et il va être furieux « Désolé patron, mais non, ça n'est pas bon. Les anciennes plantations établies depuis des années, par exemple sur les terres du Cerrado, maintiennent un rendement régulier ou en légère baisse quand les arbres ont vieilli, mais ça c'est normal. Sur les terres qui ont été défrichées sur la jungle puis plantées au cours des 3 dernières années, les rendements devraient augmenter rapidement, et ils baissent.

Les arbres jaunissent et s'affaiblissent : le chancre du palmier est partout ! » Da Sylva était devenu rouge de colère « Tu te fous de moi ! Je te donne deux jours pour venir me voir avec une solution. Si tu n'as pas réussi je te livre à mes hommes, et eux ils trouveront la solution pour s'occuper de toi ! »

Toutes les brutes du côté gauche de la table se tapaient dans le dos et riaient comme des fous car la poulette était un joli morceau. Ils s'y voyaient déjà et Brutante la regardait avec un sourire mauvais.

Candalida se leva calmement, sortit de la pièce et descendit les escaliers. Elle avait pris sa décision.

Da Sylva pouvait la livrer à ses hommes puis la tuer, cela ne ferait pas reculer un seul chancre sur un seul de ses palmiers. Elle devait fuir et trouver un refuge. Mais à Bajamira personne ne pourrait la protéger contre Luis Da Sylva et ses hommes de main, pas même la police qui était achetée par les grandes entreprises de la ville.

Elle avait peur, terriblement peur, mais elle n'était pas affolée. Elle entendit alors la voix douce et grave de son grand-père Indi, qui lui disait : « Pars dans la forêt et demande leur aide aux Indiens. Ils seront les seuls à pouvoir te protéger. Fais-moi confiance. C'est mon peuple et ils sont nos amis. » Il avait raison mais comment les contacter ?

Elle eut une soudaine inspiration et se dirigea vers le quartier chaud de Bajamira, car elle savait que de jeunes Indiennes travaillaient dans les bordels des Colombiens.

Son sang indien harmonieusement mélangé avec ses autres origines, faisait d'elle une femme attirante et surprenante à la fois. Mais dans ce quartier pourri d'une ville pourrie, elle était en danger. Elle fut abordée plusieurs fois dans la rue, et parvint à faire front. Un homme lourd et menaçant ne la lâchait plus, quand deux jeunes Indiennes vinrent à son secours en proposant leurs services à son poursuivant, qui renonça à continuer avec elle. Puis, intriguées par sa présence dans ce lieu interlope, elles revinrent la voir. Elle les remercia en kayapo avec un grand sourire et continua à leur parler dans leur langue. Elles étaient stupéfaites et heureuses de parler avec elle.

Ayant compris qu'elle fuyait une menace et voulait rencontrer le cacique Biraoni, elles lui dirent d'aller voir l'évêque à la cathédrale car il était l'ami des Indiens depuis toujours.

Deux heures plus tard elle avait récupéré ses affaires et elle était assise dans la pirogue de Biraoni entourée par une dizaine d'Indiens qui pagayaient autour d'elle pour la protéger.

6

Elle parlait avec eux en kayapo et ils riaient et plaisantaient, tous heureux de l'accueillir au village et de pouvoir échanger avec elle sans effort ni précaution.

La recommandation de l'évêque était pour Biraoni le meilleur des sésames, même s'il était conscient de prendre un risque car il savait qui était Da Sylva, le roi des palmiers et le plus terrible destructeur de la forêt amazonienne. Parmi tous les habitants de Bajamira, il était certainement le plus dangereux.

Colérique et violent, il pouvait mobiliser en quelques heures des centaines de paysans sans terre armés de leurs machettes qu'il lançait sur la ville. Et il allait être furieux que Candalida ait pu lui échapper.

Par chance la grande inondation apportait un soutien précieux au jeune cacique des Kayapos, qui venait en 24 heures de défier deux des bandes organisées les plus puissantes de Bajamira, Da Sylva et ses machettes et les Colombiens surarmés, tireurs addictifs.

Le grand chef Raoni le grand-père de Biraoni, ayant compris que malgré ses efforts le barrage de Belo Monte serait construit, poussa son peuple à choisir lui-même les emplacements des nouveaux villages et les convainquit de s'installer tous au-dessus du barrage. Il voulait à tout prix éviter que les inondés du peuple kayapo soient dispersés de force dans des immeubles de béton situés dans les banlieues des plus proches villes brésiliennes.

Il connaissait l'argument faussement humanitaire des autorités brésiliennes : il fallait donner à ces pauvres Indiens qui n'auraient plus d'abris après la construction du barrage, des logements modernes et fonctionnels.

Mais la véritable raison de cette soudaine bienveillance était de les arracher à leur culture ancestrale de solidarité incarnée par ces grandes maisons communes où ils vivaient tous ensemble.

Les Brésiliens voulaient en faire des individus déracinés et désemparés, main-d'œuvre disponible pour toute exploitation abusive. Il avait donc pris l'initiative de leur faire construire eux-mêmes et sans l'aide de personne ces bâtiments traditionnels sur pilotis, longs de plusieurs dizaines de mètres dont le plancher était à 2,50 mètres du sol. Il fallait seulement du bois, qui ne manquait pas, et le savoir-faire ancestral des habitants de la forêt.

Les Indiens avaient en effet appris au cours des siècles à se méfier des variations de niveau du fleuve et ce plancher surélevé les protégeait de l'eau et des animaux sauvages. Les jeunes Indiennes sauvées par l'alliance du PCC et des guerriers de Biraoni retournèrent dans leur village respectif. Trois d'entre elles revinrent avec Birina dans son village, et deux jours plus tard elles y accueillirent Candalida, comme une héroïne et comme une sœur kayapo.

Dans les villages la vie s'organisait simplement et dans le calme car le grand cacique avait eu l'intelligence de faire construire toutes les nouvelles maisons communes nécessaires au relogement des Kayapos en amont du barrage. Les collines fournissaient le mil, le sorgho et le maïs, et l'immensité d'eau de l'inondation offrait tous les poissons à domicile.

Par contre la situation à Bajamira se dégradait rapidement car les réserves alimentaires baissaient rapidement et ne se renouvelaient pas dans les commerces. La rivalité entre les bandes armées s'intensifiait chaque jour.

En ville Da Souza ne décolérait pas. Sa meilleure ingénieure agronome n'était pas revenue le voir comme il l'avait exigé. Et pire encore, elle était introuvable. Elle avait disparu. Il répétait sans cesse « Je suis le patron de Bajamira et on doit m'obéir tout de suite. Trouvez-moi cette pétasse et elle s'en souviendra ! Mes gars sont furieux. Ils allaient prendre du bon temps. »

Les ayant réunis devant son palais baroque, il les apostropha du haut des escaliers majestueux qui les dominaient tous par leur hauteur « Eh, les caïds vous vous bougez pour la retrouver ou vous voulez que je fasse le boulot moi-même ! Secouez-vous. Je vous donne de l'aide pour fouiller Bajamira. Prenez quelques centaines de paysans pour chercher partout ! Et comme on aura beaucoup de monde dans la rue, mettez la pagaille dans la ville avec vos hommes. Lancez-les sur la police, et vous prendrez le contrôle du dépôt d'essence, car on va bientôt en manquer ! »

La pluie continuait avec obstination et la ville se délitait peu à peu sous l'invasion lente et pernicieuse de l'eau. La nourriture commençait à manquer à Bajamira car les cultures des paysans sans terre, situées sur les terres fertiles de l'ancien lit du fleuve étaient progressivement recouvertes par la montée des eaux qui faisait pourrir légumes, patates et fruits. Les porcs, les lapins et les poules des paysans avaient été déplacés en hâte vers les petites collines environnantes. Mais les caïmans et les crocodiles, grisés par ces nouveaux terrains de chasse qui leur étaient offerts, se gavaient quand même de tous ces animaux sans protection.

Les pistes en terre défoncées qui traversaient la ville servaient surtout à recevoir ordures et déchets que les habitants y abandonnaient ou qu'ils y avaient jetés par les fenêtres. En temps normal la situation était répugnante et nauséabonde.

Avec la grande crue les odeurs avaient perdu leur toute-puissance, mais les rues de la ville s'étaient transformées en longs égouts d'eau stagnante ou les cadavres d'animaux voisinaient avec les déchets ménagers. L'approvisionnement des commerces était de plus en plus mal assuré et les stocks de nourriture avaient fondu. Les bagarres se multipliaient entre les acheteurs devant les boutiques.

La municipalité de Bajamira, complètement dépassée par les évènements, avait fait appel à l'État du Para, qui avait organisé un convoi routier de ravitaillement composé de 10 semi-remorques de 12 mètres de long et de 35 tonnes de poids en charge chacun. Les chauffeurs étaient des pros de la conduite en Amazonie et ils avaient reçu de grosses primes de risque pour cette mission. Très détendus ils avaient fait la course entre eux pendant la première partie du voyage, et à la sortie de la zone déboisée ils entrèrent à toute allure dans la forêt tropicale car ils savaient que la route goudronnée menait jusqu'à Bajamira. On leur avait bien dit qu'il avait beaucoup plu ces dernières semaines, mais sans plus pour ne pas les inquiéter. Le ruban d'asphalte était à peine submergé et on le voyait très distinctement se prolonger sous l'ombre des grands arbres.

Les trois premiers semi-remorques tentèrent *in extremis* de ralentir leur vitesse mais leurs freins furent totalement inefficaces sur la couche d'eau, pourtant mince et peu impressionnante qui recouvrait la partie centrale goudronnée. Les trois camions continuèrent à glisser comme d'élégants patineurs, puis ils sortirent de la partie goudronnée et s'enfoncèrent lentement dans les masses de boue trempée qui les accueillirent avec bienveillance sur les côtés de la route. Les trois chauffeurs n'étaient même pas blessés mais ils étaient terriblement vexés.

L'avantage de cet accident au ralenti et sans blessés, c'était que la route pour Bajamira n'était pas coupée.

Les 7 semi-remorques restants repartirent donc plus lentement et leurs chauffeurs hébergèrent avec quelques sarcasmes les conducteurs naufragés.

Trois heures plus tard trois camions s'étaient arrêtés en travers de la route goudronnée et les autres en étaient sortis pour s'enliser dans la boue.

Nul n'avait pu faire demi-tour car la partie asphaltée était si étroite qu'aucun véhicule de 12 mètres de long, ne pouvait manœuvrer pour revenir sur ses pas. Et si on en sortait de la partie goudronnés on s'enfonçait dans la gadoue. On pouvait maintenant dire avec certitude : la route de Bajamira est coupée !

Les autorités régionales décidèrent alors d'envoyer deux gros avions de transport lourdement chargés de provisions de toutes sortes. La piste de l'aérodrome, guère en meilleur état que la route et mal conçue, était trop courte. Le premier pilote arrivé au-dessus de la ville renonça à s'y poser et repartit sans hésiter. Le second, dopé par la prime faramineuse qui venait de lui être promise par radio, se mit dans l'axe de la piste mais l'averse fut si violente, que l'avion se mit de travers et percuta le sol avec une aile. Il explosa immédiatement. On pouvait maintenant dire avec certitude : la voie des airs pour Bajamira est coupée !

Dans la ville aux abois Colombaro, le patron des trafiquants colombiens avait réfléchi et il avait renoncé à toute attaque terrestre contre les Indiens pour récupérer ses filles. Il décida donc de prendre les deux vedettes d'intervention rapide de la police que ses hommes avaient volées au moment de l'attaque du dépôt d'essence par les hommes de Da Sylva.

Ses gars, récents à Bajamira et à peine connus, avaient tiré dans tous les sens pour ajouter encore plus de confusion à l'affrontement armé qui s'étendait sur la ville.

Ce fut donc avec une grande facilité qu'ils purent prendre le contrôle des deux vedettes installées au port et à peine gardées par des policiers qui n'esquissèrent pas la moindre défense. Les Colombiens parvinrent même à faire remplir les réservoirs des deux bateaux par les policiers présents sur les lieux. La dernière jeune Kayapo qui était restée paralysée de peur au moment de l'attaque des hommes de Perigo, servit de guide aux Colombiens. Après lui avoir dit qu'il voulait voir le cacique des Indiens de Bajamira pour chercher un accord avec lui, Colombaro, rassembla ses hommes armés jusqu'aux dents et ils montèrent dans les deux vedettes.

Chez Biraoni et Birina la vie coulait avec douceur. Une équipe de jeunes ados, moitié nageant moitié marchant, étaient partis cueillir des brassées de fleurs sauvages pour décorer la grande maison commune en l'honneur des jeunes femmes revenues au village ainsi que de Candalida, l'ingénieure kayapo !

Sur les conseils de Perigo, qui se méfiait beaucoup des Colombiens et qui craignait leurs représailles, le chef Biraoni, avait posté des guetteurs sur toutes les voies d'accès au village. Un des guetteurs revint en pirogue à toute allure à la maison commune leur annonçant que deux gros bateaux à moteur chargés d'hommes armés tournicotaient dans tous les sens et se rapprochaient du village. On entendait un bruit de moteurs loin dans la forêt, mais tout à fait distinctement. Biraoni commença par vouloir se battre car il ne supportait pas de devoir évacuer en urgence son grand-père Raoni, le héros de la lutte contre le barrage. Birina, sa jumelle tant aimée ne parvenait pas à le dissuader de combattre.

Elle reçut l'appui énergique de Candalida qui dit sèchement au cacique Biraoni « Ils sont armés jusqu'aux dents, ils veulent se venger et ils sont impitoyables. Nous n'avons aucun moyen de les arrêter.

Crois-nous je t'en prie, Birina a été leur prisonnière pendant de longues journées et moi je les connais depuis longtemps. J'ai vu les mêmes au Venezuela. Tu les as ridiculisés et ils sont en rage. Ils tueront tous ceux qu'ils trouveront ! Crois-moi, je t'en supplie. »

Biraoni se rendit aux arguments de Candalida et son ordre fut clair « On prend les pirogues et on part dans toutes les directions. Tout le monde s'en va : les hommes, les femmes et les enfants, les jeunes et les vieux. Une maison ça se reconstruit, pas les hommes ! »

Quand les Colombiens accostèrent au village, il n'y avait plus personne, absolument plus personne, mais des feux rougeoyaient encore sous quelques ustensiles. Colombaro était furieux « Où sont passés ces imbéciles d'Indiens ? On doit les trouver et les punir ! On ne se moque pas de moi comme ça. » Un des plus anciens de son équipe avait déjà vécu dans la jungle et il secouait la tête comme s'il n'osait pas parler. Colombaro lui fit signe de se lancer « Guinaö, lâche le morceau ! »

La réponse de l'homme fut claire « On ne retrouvera aucun Indien dans la grande forêt, surtout avec l'inondation qui recouvre tout. On tombera peut-être avec beaucoup de chance sur un trop vieux ou un trop jeune mais ça ne nous donnera pas grand-chose. Et en plus on bouffera de l'essence pour rien alors qu'elle devient rare. », dit-il en riant

Le patron avait compris. « Guinaö, t'as raison. On ne va pas gâcher notre essence pour ces sauvages, mais on va leur faire un cadeau et vous allez m'aider à leur faire un beau présent lumineux qui se voit de loin et qui réchauffe ! » Furieux il donna un grand coup de pied dans le feu qui brûlait devant la grande maison et ses acolytes en faisaient autant sur tous les foyers qui brûlaient encore dans le village. Ils tirèrent ensuite au hasard autour d'eux, puis montèrent dans les deux vedettes et disparurent.

Pendant les deux heures suivantes les Kayapos revinrent progressivement jusqu'à la maison commune sans faire le moindre bruit. L'inondation et la grande pluie tropicale avaient été leurs alliées bienveillantes. Des poutres de soutènement avaient été noircies et quelques planches avaient commencé à brûler. Mais il n'y avait rien de grave.

Solennels, le cacique et sa sœur jumelle dirent d'une même voix et à la même seconde « Nous allons détruire Bajamira la ville maudite ! Nous allons affoler ses habitants en les privant de toutes les machines qui les protègent. Puis nous les priverons de leur nourriture aseptisée et industrielle. La grande forêt nous aidera en les terrifiant ».

Les jumeaux avaient raison. La ville totalement encerclée par la jungle, inondée et privée de tous les services indispensables à la vie urbaine était désormais en état de siège. Il fallait à tout prix s'en évader !

La mise hors service de l'électricité qui alimentait toutes les activités de la ville, fut grandement facilitée par le soutien de l'Amazonie elle-même, chaque jour un peu plus submergée par l'inondation. Les grossiers poteaux en bois mal enfoncés dans la terre qui supportaient les fils électriques, ne tenaient presque plus debout et s'effondrèrent en douceur dans la boue sous la poussée des Indiens, déclenchant courts-circuits, éclats de lumière vive, craquements et petites explosions.

Ensuite le silence de la nature noyée dans les eaux du fleuve prit le dessus, et seuls les cris des oiseaux continuèrent à faire vivre la grande forêt immobile et indifférente. À l'autre bout de la ligne électrique, la sérénité ne régnait pas du tout. Cris de colère, lamentations et bagarres se partageaient la vedette, car la fin de la journée approchait et les gros nuages gris foncés gonflés d'humidité, réduisaient encore la faible luminosité. Dans ce simulacre de ville la disparition soudaine de l'électricité provoquait de multiples problèmes pratiques en bloquant toutes les machines qui servaient les hommes.

Mais l'absence de la lumière électrique alors que la nuit tropicale venait de tomber en quelques brèves minutes, créait un traumatisme beaucoup plus profond et faisait renaître chez ces hommes et femmes isolés au cœur de la jungle, l'angoisse face à l'inconnu hostile incarné par l'obscurité omniprésente. Dans le monde des hommes connectés la lumière électrique se substituait habituellement la nuit au soleil défaillant. Elle était le soleil artificiel créé par les hommes qui affirmaient ainsi leur toute-puissance. Devenus les égaux des dieux, les êtres humains n'avaient plus besoin du soleil pour avoir de la lumière et pour dominer la nuit.

Mais tout cela avait soudain disparu. L'homme était soudain réduit à son état naturel de mammifère bipède mal armé pour la lutte pour la vie, sans ses machines pour le servir et pour le protéger.

Les bruits mécaniques ordinaires de la vie citadine avaient eux aussi presque disparu, et ce silence inhabituel alimentait une autre forme d'inquiétude. Les moteurs des innombrables voitures et camions qui sillonnaient la ville en temps normal n'accompagnaient plus la vie quotidienne, puisque tous ces véhicules à moteur ne pouvaient plus circuler dans l'eau. Sur les quelques chemins encore praticables les véhicules à moteur ne servaient plus à rien car il n'y avait plus d'essence pour les alimenter. Les bruits des moteurs à explosion étaient donc les premières victimes du siège de Bajamira. Une autre famille de bruits familiers avait aussi déserté la ville et leur absence aggravait encore la densité du silence qui oppressait les habitants.

En dehors de leur évidente utilité, les ronronnements des frigidaires et des machines à laver et les bruits ordinaires de tous les ustensiles électriques utilisés dans les cuisines manquaient encore plus à la vie quotidienne des citadins angoissés.

Brutalement, la précarité de l'occupation humaine sur les rives du Xingu s'imposait à tous comme une évidence et la peur du noir ne touchait pas seulement les enfants.

Elle atteignait insidieusement les adultes qui faisaient semblant d'en plaisanter, comme s'ils maîtrisaient encore quelque chose dans leur environnement. Leur peur tout à fait perceptible ne s'accompagnait pas encore d'humilité. Il restait du travail à faire. Certes des taches de lumière électrique, rares et fascinantes, apparaissaient encore. Leur existence manifestait dans ces lieux la présence du pouvoir et de l'argent. Le siège de la police, la prison et les très grandes entreprises présentes à Bajamira avaient allumé leurs groupes électrogènes. Mais la destruction des principaux dépôts d'essence de la ville au cours des affrontements armés entre la police, les hordes de Palmoco, et les mitraillettes des trafiquants colombiens, avaient réduit à peu de chose les ultimes réserves du précieux liquide.

Paradoxe positif, la nuit fut assez calme à Bajamira car on n'y voyait plus rien, même pour se tirer dessus, et les munitions commençaient à manquer.

Le lendemain matin les convois des départs d'urgence se préparaient devant les sièges de toutes les entreprises, grandes ou moyennes. Les 4x4 les plus imposants et les plus récents faisaient rugir leur moteur dans l'attente des patrons et de leur famille. Les préparatifs se faisaient dans une certaine nervosité car chaque heure qui passait rendait l'évasion plus compliquée et plus dangereuse. Ceux qui étaient contraints de rester voyaient bien que la situation s'aggravait d'heure en heure.

L'absence d'électricité entraînait la pourriture progressive des aliments frais qui devaient être jetés puisque les frigidaires ne servaient plus à rien. L'eau du robinet qui aurait été ignorée avec dégoût quelques jours auparavant, quand l'eau minérale régnait sur la ville, était maintenant recueillie avec soin quand elle coulait encore.

Dans la matinée des dizaines de convois de voitures, rassemblant plusieurs centaines de personnes, avaient pris le large en suivant la route vers le front du défrichage.

Quelques heures plus tard, les 5 véhicules partis aux premières heures du jour étaient de retour, mais un 4x4 manquait à l'appel et les quatre autres étaient surchargés de passagers. Les voitures étaient maculées de boue et les occupants étaient à bout. Les chauffeurs, encore choqués par l'expédition, dirent clairement « C'est l'enfer. Des arbres sont tombés sur la route. L'eau et la boue se sont étalées sur la partie goudronnée. C'est une patinoire. Le cinquième 4x4 s'est couché sur le côté dans la boue après avoir glissé en dehors du goudron trop étroit. C'est foutu ! On ne passe plus ! »

Beaucoup plus tard dans l'après-midi quelques voitures endommagées et encombrées de passagers tremblants, épuisés de fatigue et muets, rentrèrent dans Bajamira. Pendant les heures qui suivirent et jusqu'à la nuit, une multitude d'évadés de la ville, qui étaient partis le matin avec de puissants 4x4, des provisions et des certitudes, revinrent à pied, épuisés et trempés par cette pluie qui s'insinuait partout. Mais ils n'étaient pas tous revenus et les rescapés informèrent aussitôt les autorités que des corps jonchaient les abords boueux de la piste et qu'il existait peut-être encore des survivants.

Quelques jeunes équipés d'iPhone, avaient réalisé des vidéos de corps humains démembrés par les charognards au bord de la route et les avaient diffusées sur les réseaux sociaux à leur retour à Bajamira.

Les voitures de police aux larges pneus et aux puissants moteurs, avaient enfin pris l'initiative de rechercher les absents. Quand les policiers revinrent quelques heures plus tard, ils ne ramenaient personne car ils n'avaient trouvé aucun survivant. Seuls les vautours à tête rouge rassemblés le long de ce qui avait été la grande route d'accès à Bajamira, se disputaient les corps à coups de becs et de battements de leurs grandes ailes noires. Les hommes de la police, essentiellement composée de brutes que seules des primes exceptionnelles avaient convaincues de venir à Bajamira, paraissaient pourtant impressionnés par la vision glaçante de tous ces charognards qui les avaient regardés passer en se dandinant et en claquant du bec. L'impuissance évidente de la police donna une influence croissante à une nouvelle partenaire qui participait à l'agonie de la ville maudite : la peur.

Face à cette situation exceptionnelle, les responsables de l'État du Para, dont la région du Xingu dépendait, décidèrent de recourir aux hélicoptères. Le gouvernement du Brésil n'attachait plus aucune importance à Bajamira maintenant que le barrage de Belo Monte était achevé et avait même été officiellement inauguré par le président. En plus cet ouvrage exceptionnel fonctionnait à plein et la production hydroélectrique était dopée par l'inondation. Cette réussite confirmait la modernisation triomphale du pays sous la conduite du président.

Ce très grand bidonville sale et dangereux qu'était Bajamira ne servait plus à rien et n'intéressait donc plus personne. Mais, à la suite des images diffusées sur les réseaux sociaux et à la télévision un début de scandale avait pris forme, et le gouvernement brésilien ne pouvait pas s'accommoder de milliers de morts à Bajamira sans avoir au moins fait un semblant de sauvetage.

L'envoi d'hélicoptères de transport emplis de ravitaillement fut donc décidé par les autorités, qui lancèrent une première tentative en confiant la mission à une entreprise privée de transport aérien, spécialisée dans les missions complexes et difficiles. Pour ne pas avoir à transporter les denrées sur une trop longue distance après l'atterrissage, l'hélicoptère ravitailleur fut dirigé sur le terrain de football situé à la limite sud de la ville, zone proche du centre et encore à peine inondée. Le choix d'un hélicoptère moyen avec une charge utile de 4 500 kg semblait raisonnable et adapté aux conditions délicates de l'accès au sol.

L'information avait fuité dans la population de Bajamira et des centaines de gens s'étaient rassemblés sur le stade de football. Des tentes apparaissaient et des familles s'installaient pour la nuit car l'arrivée de l'hélicoptère était envisagée en début de matinée. Des feux se multipliaient dans la zone prévue pour l'arrivée du sauveur aérien, et les premières bagarres commençaient avec pour dérisoire enjeu un meilleur emplacement par rapport à un atterrissage dont personne ne connaissait la localisation exacte. Les efforts de la police pour canaliser cette foule colérique et violente se révélèrent tout à fait vains. C'était une pagaille totale. Le jour était à peine levé quand le bruit de l'hélicoptère réveilla la foule.

Les gens engourdis et titubants couraient dans tous les sens et criaient comme des fous. Visiblement le pilote ne savait plus quoi faire car il ne lui restait aucune place suffisante sur le terrain de football pour poser son appareil sans risquer de blesser quelqu'un. Il se dirigea donc vers le parc public contigu au stade qui n'était pas encore trop envahi par la foule.

Malgré l'extrême violence du vent et des averses, il tenta l'atterrissage. Le parc était planté d'arbres, les pires ennemis d'un pilote d'hélicoptère.

Il réussit à se rapprocher du sol, calmement mais en déséquilibre d'un côté. L'extrémité d'une pale se brisa contre des branches, mais l'engin resta pilotable et le pilote se posa en détruisant son train d'atterrissage, mais sans faire exploser son appareil !

Les hommes les plus agressifs se précipitèrent avant même l'arrêt du moteur et ouvrirent violemment les portes latérales de l'hélicoptère. Le pillage commença immédiatement dans un désordre indescriptible. Les policiers s'étaient délibérément écartés de l'appareil pour ne pas risquer de prendre un mauvais coup, et laissaient se développer les affrontements les plus brutaux. Tout avait disparu en quelques minutes.

Le pilote, qui avait fait preuve d'un sang-froid remarquable, eut les plus grandes difficultés à sortir de l'appareil sans se faire renverser ou molester. Il était épouvanté et dit au commandant de la police qui l'avait enfin pris en charge « C'est une foule d'enragés comme je n'en ai jamais vu de ma vie et personne n'essaie même de les contrôler. Plus aucun pilote ne viendra à Bajamira et je ferai tout pour les informer, je vous le garantis ! »

Le pilote revint ensuite à son hélicoptère qui ressemblait à une épave. L'atterrissage improvisé avait brisé une pale et les roues étaient détruites ou faussées. Mais le plus impressionnant c'était l'état général de l'hélicoptère, dont toutes les portes avaient été arrachées, tandis que la verrière située à l'avant de l'appareil pour protéger le pilote, était pulvérisée. Le courageux sauveteur n'avait pas oublié où était la radio, dont les batteries encore chargées lui permirent d'appeler le centre opérationnel de son entreprise. Il fit un récit de son aventure en insistant sur le pillage et la destruction effrénée qu'avait subi son appareil et qui l'avait aussi menacé, lui-même. Il conclut « Surtout n'envoyez personne d'autre ! C'est un miracle que je m'en sois sorti. C'est beaucoup trop dangereux.

Et en plus on ne pourra pas réparer ici quoi que ce soit, et vous ne pourrez pas non plus récupérer l'appareil. »

La radio de la police de Bajamira avait confirmé le récit du pilote d'hélicoptère et plus aucune entreprise de transport aérien n'accepta la moindre mission vers la ville. Les autorités régionales du Para, complètement dépassées par les évènements demandèrent l'aide du gouvernement national. La presse de Bajamira ne communiquait guère avec le reste du monde mais elle n'avait jamais eu beaucoup d'importance. Ce n'était pourtant pas non plus le paradis des réseaux sociaux car très peu d'habitants de la ville disposaient de l'accès à Internet.

Cependant certains jeunes partis avec leur famille pour fuir en 4x4 la ville assiégée, disposaient d'iPhone, et ils avaient réalisé des vidéos spectaculaires de corps abandonnés le long de la route de Bajamira. D'autres avaient concentré leurs prises de vue sur les grands urubus à tête rouge se battant entre eux pour déchiqueter des cadavres, à l'évidence humains. Rien n'avait été fait pour ramener les morts à Bajamira et leur donner une sépulture, même provisoire.

Le mince vernis de la civilisation craquait de toute part et la sauvagerie régnait sans partage sur la ville. Les vidéos postées sur Instagram avaient été vues par des centaines de milliers de personnes en quelques heures, et déclenchèrent un mélange de stupéfaction et de colère dans la population brésilienne. À l'étranger ces images glaçantes des vautours en train de se disputer des cadavres étaient accueillies avec incrédulité et nourrissaient une critique acerbe de la modernisation forcenée du Brésil et de la déforestation échevelée de la forêt amazonienne.

La lutte désespérée du grand chef Raoni Metuktire du peuple Yakapo contre la construction du barrage de Belo Monte, n'était pas sortie de toutes les mémoires.

7

Les écologistes, les défenseurs de la nature et une partie de l'opinion publique se rejoignaient pour considérer que l'agonie de Bajamira au cœur de l'Amazonie était la juste punition du Brésil pour la destruction effrénée de la grande forêt amazonienne et de ses habitants, les Indiens.

Le gouvernement du pays, exaspéré, décida donc d'employer les grands moyens pour mettre fin à cette situation ridicule et le dossier fut transféré à la Force aérienne brésilienne, la plus puissante armée de l'air de toute l'Amérique latine. Il fut décidé de mener l'opération en deux temps. Il fallait d'abord restaurer par la force l'ordre et le calme à Bajamira par l'envoi d'une brigade de parachutistes aguerris, qui sauteraient sur la ville, armés et équipés comme pour une opération de guerre.

L'objectif de cette première phase serait de bloquer l'engrenage de la barbarie en train de gagner toute la ville et qui, comme on l'avait vu avec le premier hélicoptère, empêchait tout secours organisé de parvenir à la population. Ensuite, l'armée mobiliserait deux gros avions militaires de transport aérien pour procéder au largage des marchandises sur le site de Bajamira, préalablement remis en état et gardé par les parachutistes. Ces gros avions de transport militaire devaient apporter des vivres de première nécessité aux emprisonnés de la ville.

Le capitaine Mathéus Terra avait participé en 2010 à la plus grosse opération militaire jamais organisée par les fusiliers marins et les corps d'élite de la police, contre les plus puissants trafiquants de drogue du nord de Rio de Janeiro. Ils avaient lutté pendant une journée entière contre 600 trafiquants de drogue surarmés.

Le commando avait bénéficié du soutien arrière d'une partie de la population des plus dangereuses favélas du nord réunies dans le Complexo do Alemão. L'affrontement était d'une extrême violence et les militaires ne parvenaient pas à déloger les hommes des gangs qui connaissaient par cœur le terrain et qui étaient solidement retranchés.

Mathéus Terra, qui était un jeune lieutenant de parachutistes à cette époque, proposa au colonel qui commandait l'opération un coup d'audace : se faire déposer par 4 hélicoptères de 20 hommes chacun, derrière les retranchements des gangs pour les prendre à revers.

Cela supposait que les assaillants de l'autre côté redoublent leurs tirs contre les trafiquants retranchés et monopolisent leur attention pour laisser une chance à des parachutistes si peu nombreux de mener leur attaque-surprise.

La diversion créée par les 80 parachutistes armés jusqu'aux dents fut un total succès. Les trafiquants à l'abri de leurs retranchements étaient assez détendus et commençaient à plaisanter sur la faiblesse des militaires d'élite. Ils furent stupéfaits de cette attaque soudaine qui les prenaient à revers et ne savaient plus comment réagir car ils étaient en même temps soumis à un feu d'enfer par devant et par derrière.

En quelques minutes une centaine de trafiquants étaient à terre, morts ou blessés. Les autres se rendirent immédiatement pour sauver leur peau. Mathéus Terra reçut la Croix de la bravoure de l'armée de l'air brésilienne, et il fut rapidement nommé capitaine. Ce fut naturellement à lui que fut confiée l'opération de sauvetage de la ville de Bajamira, entièrement assiégée par la nature et par les Indiens de la grande forêt tropicale.

Terra était un homme curieux et s'intéressait aux opérations de parachutage hors normes qui s'étaient déroulées dans le monde.

Il avait en particulier lu le compte-rendu dramatique du siège du camp français de Diên Biên Phu par les Viets et le saut courageux et désespéré d'un régiment de parachutistes qui avaient rejoint les assiégés en sachant qu'ils n'en reviendraient pas.

La situation de Bajamira ne lui semblait pas si éloignée car la ville avait toutes les caractéristiques d'une ville assiégée

- Plus d'électricité et plus d'essence ;
- Plus de nourriture ou presque ;
- Alimentation en eau potable interrompue ;
- Route de Bajamira totalement bloquée ;
- Aérodrome hors service ;
- Début de pénurie des munitions ;

On avait expliqué au patron des parachutistes que la police était devenue inexistante, et que les bandes armées des trafiquants colombiens et du PCC régnaient sur la ville. Pour faire bonne mesure, des centaines de paysans avec leurs machettes constituaient l'armée populaire et incontrôlable de Da Sylva.

Ces caïds se battaient entre eux pour prendre le contrôle de quelques cuves d'essence et du peu de vivres qui restaient encore, ou pour rien du tout, selon l'humeur d'un des maîtres du jour. Cette anarchie armée et meurtrière n'était pas une situation étrangère pour des militaires, habitués aux combats et aux affrontements y compris dans des émeutes régionales ou dans la guerre aux trafiquants.

Mais pour Mathéus ce qu'il y avait de plus incompréhensible c'était qu'il n'y eût pas d'assiégeants avec des armes pour encercler la ville.

On savait que les Indiens kayapos, qui s'appelaient eux-mêmes les « invisibles » avaient toujours été hostiles au barrage de Belo Monte et qu'ils voulaient détruire Bajamira la ville pourrie, mais on ne les voyait jamais. Cette fois-ci les Indiens, exaspérés par l'incendie d'une de leurs maisons communes avaient lancé avec une redoutable efficacité le siège final de la ville. La coupure de l'alimentation électrique avait été suivie par l'arrêt de l'eau potable.

Leurs actions avaient eu d'autant plus d'efficacité qu'elles avaient reçu l'aide involontaire et absurde des seigneurs de la ville qui avaient réussi à faire sauter les principaux dépôts d'essence au cours de leurs combats. Les groupes électrogènes des puissants n'avaient eu qu'un temps, et maintenant plus un seul appareil électrique ne fonctionnait. Après la perte de la lumière, l'autre choc mental subi par les habitants de Bajamira fut le silence définitif des téléphones portables, des tablettes et des ordinateurs, tous appareils qui avaient besoin d'être rechargés sur le courant électrique, quand leurs piles et batteries étaient épuisées. L'angoisse de cet étrange silence étreignait les cœurs et affolait les esprits. Mais l'alliée la plus précieuse des Kayapos fut tout simplement la gigantesque inondation de tous les fleuves de l'Amazonie provoquée par les pluies incessantes depuis un mois. Le Xingu avait tellement débordé que la ville de Bajamira était en partie inondée et qu'autour d'elle l'eau noire et lisse avait envahi la forêt tropicale sur une profondeur d'environ deux mètres.

Le capitaine Terra, conscient du chaos sur lequel il allait faire sauter ses hommes décida de combiner deux approches. Il conduirait lui-même l'atterrissage des 2 premiers hélicoptères Cougar avec 40 parachutistes sur le terrain de football au milieu de la population hostile et affamée, avec pour objectif immédiat de dégager le maximum de terrain disponible pour accueillir ensuite les hommes qui allaient les rejoindre.

Une demi-heure après, 80 parachutistes sauteraient d'avion au-dessus de Bajamira en essayant de se regrouper sur le centre de la ville, terrain de football et parc public adjacent.

Quelques minutes plus tard, deux hélicoptères précédés de tirs de mitrailleuses atterrirent sur le terrain de football. Quarante parachutistes se déployèrent autour des deux appareils et le capitaine prit la parole.

« Je suis capitaine des parachutistes de l'armée brésilienne. Mon nom est Mathéus Terra, et je suis chargé de ramener l'ordre à Bajamira pour organiser le largage de vivres et de matériels sur la ville par des avions gros porteurs militaires. J'espère que vous avez compris que nous venons vous sauver de la faim de la soif et de la mort. Une centaine de parachutistes vont maintenant sauter sur la ville et je vous demande de les accueillir et de les aider. Ils viennent vous sauver la vie. S'ils subissaient la moindre malveillance, j'ai donné l'autorisation à mes hommes de tirer à vue. Merci. »

Les villages kayapos avaient été mobilisés par Biraoni et les échanges entre les grandes maisons se faisaient rapidement en pirogue dans un calme que brisaient seulement les cris des oiseaux. La vie quotidienne était à peine dérangée par les soubresauts de Bajamira. L'explosion des dépôts d'essence avait été spectaculaire et elle avait fait un peu peur aux plus petits enfants qui avaient pleuré. Les plus grands, fascinés par les grands feux qu'ils avaient vus au loin, s'étaient beaucoup amusés.

Les Indiens n'avaient pas besoin d'essence car ils se déplaçaient en pirogue avec des pagaies. Ils ne conduisaient pas de voitures qui auraient eu peu d'utilité dans la grande forêt où il n'y avait pas la moindre piste utilisable par des automobiles.

De surcroît seules des vedettes à moteur auraient pu servir à quelque chose mais il n'y avait plus d'essence nulle part. Les pirogues et les pagaies étaient de loin le meilleur moyen de transport. La pêche n'avait jamais été aussi fructueuse car les poissons se promenaient partout et pas seulement à l'intérieur des rives du fleuve. Les communautés indiennes ne considéraient pas cette nouvelle immensité liquide comme une menace, mais au contraire, comme une protection contre leurs ennemis et surtout comme une source inépuisable de nourriture.

Un évènement inhabituel venait d'ailleurs de rassembler les hommes de plusieurs villages : la capture d'un gros piracuru, aussi appelé la morue de l'Amazonie. Il avait fallu plusieurs pirogues et pas mal d'hommes pour venir à bout de ce très gros poisson à la tête plate et à la queue écarlate qui pesait au moins 80 kilos.

Sa chair blanche et ferme était délicieuse et on avait même commencé à en voir dans les meilleurs restaurants des grandes villes. Les Indiens savaient aussi la cuisiner avec ces mélanges d'herbes et d'épices qu'ils trouvaient dans la forêt. Des morceaux du géant furent distribués aux pêcheurs des autres villages qui n'étaient jamais repartis aussi vite vers chez eux.

Au cours de la vie de résignation et de repli des dernières années, les Kayapos n'avaient jamais vu autant de piracurus, et d'aussi grosse taille. Mais ils savaient pourquoi. Quelques années auparavant, une réserve de protection de ces poissons avait été créée par de sympathiques hommes étrangers, qui avaient demandé aux Indiens de les aider pour une drôle d'activité : compter les piracurus quand ils remontaient à la surface pour respirer. Biraoni avait parlé avec eux, et il avait ensuite demandé à tous les villageois de les aider. Hommes, femmes et enfants participaient avec entrain à ce jeu qu'ils trouvaient amusant, et ils le faisaient tous depuis plusieurs années quand on avait besoin d'eux.

C'était une grande fête pour toute la tribu qui se passait dans la joie et la bonne humeur. Après avoir compté les précieux poissons on en tuait quelques-uns pour les villages, et les enfants qui étaient montés dans les pirogues avaient le droit de sauter à l'eau et de barboter en criant de joie.

La grande inondation avait fortement réduit le nombre des animaux terrestres que les Indiens pouvaient chasser. Il restait des singes et des oiseaux qui stimulaient l'habileté des meilleurs archers qui se lançaient des défis. Mais le produit de leurs chasses était insuffisant pour nourrir la tribu. Leur subsistance reposait sur les dons du fleuve qui n'avait jamais été aussi généreux.

L'eau avait tellement monté partout que les poissons de toutes tailles et de toutes espèces avaient trouvé de nouveaux espaces de vie.

Mais un autre animal que même les Indiens voyaient rarement fit son apparition. Gros, rond, lent et d'un blanc sale il n'était pas trop difficile à attraper, mais il était très difficile à voir dans les eaux sombres et limoneuses du fleuve. C'était le lamantin d'eau douce que les Kayapos appellent le poisson-bœuf et mangent avec gourmandise.

Nardo, un petit garçon de 7 ans passait une bonne partie de sa vie sur la pirogue de son père, un pêcheur de la tribu, et l'autre partie dans l'eau où il nageait pendant des heures. Quand son père le vit bondir hors de l'eau si rapidement qu'il se retrouva dans la pirogue en quelques secondes, le pêcheur craignit immédiatement la présence d'un crocodile.

Mais Nardo haletant d'émotion plus que de peur lui dit « Un poisson avec une très grosse tête blanche et ronde qui m'a même pas vu et qui est passé doucement à côté de moi. Quéksésa papa ? »

Ce jour-là les pêcheurs kayapos firent une pêche miraculeuse en rapportant aux villages un poisson-bœuf de 250 kilos.

La subsistance était assurée pour tous pendant plusieurs jours. Mais une autre source de nourriture végétale protégeait les habitants de la forêt contre la faim dans cette période de tensions et de conflits. Sur la colline qui entourait le village et qui était devenue une grande île, les champs de manioc prospéraient car la terre était riche et fertile et les Kayapos savaient très bien cultiver et préparer ces grosses racines obèses. Le travail des racines de manioc occupait le clan entier pendant des jours et chacun pouvait y trouver une tâche à accomplir.

La grande forêt de l'Amazonie offrait aussi des fruits à tous ses enfants indiens quel que soit leur âge. Les baies d'açaï nourrissaient les tribus depuis des siècles.

Ces petites baies noires très nutritives se trouvaient sur de longs palmiers élégants qui proliféraient dans toutes les zones humides et les mangroves de l'Amazonie. Il n'en manquait donc pas mais il fallait aller les cueillir à plusieurs mètres de haut. Cette tâche ravissait tous les jeunes adolescents qui rivalisaient d'agilité entre eux pour rapporter les délicieuses petites boules noires.

Biraoni avait des espions dans la ville, des métis qui parlaient brésilien et qui revenaient ponctuellement au village pour ne pas mourir de faim. Ils lui avaient décrit l'effondrement de Bajamira.

Après la rupture de la canalisation d'eau potable, l'arrêt de l'électricité et la fin des stocks d'essence, la nourriture manquait cruellement et la situation dans la ville était devenue explosive.

Des groupes chaotiques sans provisions et sans eau, armés de machettes et de colère décidaient chaque jour de s'enfuir de la ville à travers la jungle sans avoir aucune idée de la direction à choisir. Des centaines d'habitants étaient partis à pied dans la forêt inondée. Quelques-uns seulement étaient revenus, blessés et le regard halluciné de peur.

Après quelques heures de repos ils racontèrent le carnage accompli par les crocodiles yacarés et les grands caïmans noirs qui se jetaient avidement sur les groupes d'humains affolés qui criaient et se débattaient en vain. Des centaines de petits piranhas rouges attirés par le sang répandu dans l'eau avaient achevé le massacre et aggravé la terreur. La ville de Bajamira totalement assiégée par la jungle omniprésente et hostile avait été progressivement asphyxiée par les opérations de sabotages ciblés accomplies par les Indiens kayapos. Mais la situation pourrait bientôt peut-être changer du tout au tout car l'armée brésilienne allait intervenir pour restaurer l'ordre dans la ville et pour larguer des vivres par avion. Pour le moment un petit groupe de parachutistes avaient réussi à rejoindre le stade et les autres allaient sauter sur Bajamira.

Candalida réfugiée dans le village kayapo avait été accueillie avec une gentillesse spontanée et souriante qui lui avait rendu sa joie de vivre.

Les années passées sous la pression chaotique et violente de Da Sylva pour gagner de quoi aider sa famille d'émigrés du Venezuela, avaient usé et rongé son âme qui ne croyait plus au bonheur. Les enfants kayapos libres et heureux toujours en train de rire et de courir l'avaient enchantée en lui rappelant que le bonheur quotidien pouvait encore exister. Les simples leçons de son grand-père Indi, sa gentillesse et son amour de la vie l'entouraient comme si elle était à nouveau une petite fille.

L'amitié de Birina avait aussi beaucoup facilité son arrivée dans le village et l'attention particulière que lui portait Biraoni faisait renaître en elle des émotions qu'elle avait oubliées. Un curieux sentiment, qui l'avait abandonnée depuis longtemps, commençait à faire battre son cœur pour Biraoni qui lui souriait si souvent. Ce bonheur calme était fragile et elle le savait.

Aussi fut-elle bouleversée quand elle apprit la prochaine intervention des parachutistes de l'armée de l'air brésilienne.

Elle hésitait à parler de peur de décourager complètement Biraoni et Birina, mais elle leur devait la vérité et leur confia son inquiétude « Au Venezuela, les parachutistes ont été l'arme la plus dangereuse du président-dictateur. Ils ont envahi le Parlement et ils ont empêché l'Assemblée des députés qui venaient d'être élus contre le président, de se réunir. Pour se faire bien comprendre ils en ont tué plusieurs et les autres, terrorisés, se sont enfuis.

Les parachutistes brésiliens sont pires encore et ce sont de meilleurs combattants. Ils ont l'habitude de mater les révoltes régionales par les armes. Ils n'hésiteront pas une seconde, surtout, pardon de vous dire ça, s'ils peuvent tuer des Indiens. L'objectif annoncé du président actuel du Brésil, c'est de détruire le plus vite possible la plus grande superficie possible des forêts de l'Amazonie, dont la présence inutile empêche l'exploitation optimale de ces immenses territoires. Et les tribus indiennes qui s'obstinent à vouloir vivre dans l'enfer de la jungle amazonienne sont un obstacle supplémentaire au progrès. Il faut donc les détruire elles aussi, au plus vite. »

Birina et Biraoni, les jumeaux, écoutaient avec calme les annonces angoissantes de Candalida.

Le jeune cacique se tourna en souriant vers elle « Amie, ton arrivée parmi nous est une bénédiction pour le village et je remercie chaque jour l'évêque, notre ami et notre guide, qui t'a proposé le faible refuge des Kayapos. Quand les Colombiens se rapprochaient de la grande maison pour nous attaquer et nous tuer, j'ai voulu résister et lutter contre eux car j'en avais assez de toujours abandonner. C'était autant de l'orgueil que du courage. Tu es venue à la rescousse de Birina qui ne parvenait pas à me convaincre.

Tu m'as bien secoué en me demandant ce que je préférais : la vie de mon peuple ou les planches de bois de la grande maison. Grâce à toi, nous nous sommes tous enfuis et personne n'a même été blessé.

Toi qui nous as mieux appris le savoir des Blancs, tu nous as montré comment conserver et stocker plus longtemps les tubercules de manioc et ainsi nul ne souffre de la faim dans nos villages. Et puis tu nous fais tous rire avec ton drôle d'accent kayapo.

Les vieux, les moins vieux, et surtout les enfants t'aiment et adorent les histoires de ton grand-père, le cacique kayapo du nord. Mais aujourd'hui j'entends la peur dans ta voix car tu connais la cruauté inutile des Blancs qui ne tuent pas les animaux pour se nourrir comme nous, mais qui tuent les hommes pour le pouvoir, et parfois pour le plaisir. Mais ne t'inquiète pas car la reine Amazonie et sa servante l'inondation vont nous rendre un immense service. Les violents vont tomber dans l'eau et le poids de leurs armes les emportera au fond où les piranhas les achèveront. Nous n'aurons presque rien à faire et nous resterons invisibles.

Seuls quelques guerriers en pirogues glisseront silencieusement vers les parachutistes enfoncés dans la vase pour achever d'une silencieuse flèche au curare ceux qui n'auront plus d'espoir, et pour sauver ceux qui l'accepteront. »

Biraoni avait soudain changé de voix. Les Indiens l'écoutaient, inquiets et respectueux car il prophétisait. « Le puissant commandant Mathéus Terra n'aura plus que l'ombre de la puissance car il manquera d'hommes pour imposer sa loi à une ville déjà plongée dans l'anarchie. Et bientôt il sera englué dans les guerres entre les bandes armées avec des forces insuffisantes car la grande Amazonie aura avalé ses parachutistes, et les autres auront faim et soif.

Il viendra alors demander l'aide des Indiens car son âme n'est pas encore perdue. Mais beaucoup d'hommes, justes ou injustes, bons ou mauvais, coupables ou innocents vont mourir dans les jours qui viennent.

Tremblez, la colère du Xingu est proche ! »

Au moment où il prononçait ces paroles, les grandes corolles blanches des parachutes s'ouvraient dans le ciel et descendaient lentement, agitées par le vent qui les dispersait autour de la ville. Ce spectacle élégant et gracieux apportait la mort avec lui et il terrorisait Candalida dont les souvenirs de violence au Venezuela peuplaient encore la mémoire.

Mais impressionnée par le calme presque surnaturel de Biraoni et de Birina, elle se mit à s'exprimer elle aussi avec une voix qui n'était pas la sienne et qui ressemblait à celle d'un homme âgé qui aurait parlé brésilien avec un accent kayapo.

C'était son grand-père Primer Indiano qui parlait à sa place.

« Tremblez, la colère du Xingu est proche. Il va rendre aux Indiens de la forêt la pureté première du monde, mais le prix à payer sera la mort de nombreux hommes, justes ou injustes, bons ou mauvais, coupables ou innocents. »

Candalida stupéfaite ne reconnaissait pas sa propre voix qui prononçait exactement les mêmes paroles que Biraoni.

8

Carl Donnermann s'était fait déposer quelques centaines de mètres en dessous du barrage car il voulait comprendre de près pourquoi et comment de l'eau pouvait couler jusqu'à Bajamira dans l'ancien lit du fleuve Xingu. Il fut reçu avec chaleur par les hommes d'Oberschlecht qui étaient restés en appui sur le barrage pour participer à sa mise en eau et vérifier tous les paramètres de son fonctionnement. Ils étaient ravis de le voir mais ils semblaient mal à l'aise et Carl ne comprenait pas pourquoi. Il alla aussi saluer l'équipe opérationnelle de Norte Energia, l'exploitant hydroélectrique du barrage qui l'accueillit de façon sympathique et lui fit faire le tour du gigantesque instrument de production d'énergie.

Carl qui connaissait le barrage mieux que quiconque, remarqua immédiatement que sur les 24 turbines installées, 10 ne fonctionnaient pas. L'ingénieur constructeur ne résista pas à poser la question à l'ingénieur d'exploitation qu'il connaissait bien et avec lequel il avait vérifié les turbines pendant la construction « Luis Alvaro, avec l'inondation vous n'avez pas encore un débit suffisant pour mettre toutes les turbines en marche ? Ce serait un magnifique test pour notre bébé, que de les mettre toutes en fonctionnement en même temps et ça réduirait la pression énorme qui pèse sur le barrage lui-même à cause de ces pluies intenses ». Son interlocuteur, visiblement gêné, baissa la tête et parla d'une voix faible « Carl veux-tu attendre un peu et je te rejoindrai dès que j'aurai été remplacé. »

Donnermann retrouva son ancienne équipe et monta sur la route qui surmontait le haut du barrage de bout en bout. Juché sur une guérite de surveillance, il contemplait stupéfait les deux immenses lacs de retenue qui s'étalaient jusqu'à l'horizon et qui lui paraissaient encore plus grands que dans tous les plans qu'il avait consultés au cours de la construction.

Alors qu'il avait passé des mois à faire couler le béton sur l'armature de fer du barrage pour créer un géant invincible de béton armé, il ne put s'empêcher d'avoir une pensée idiote de la part d'un ingénieur de construction béton d'une des plus grandes entreprises de BTP du monde : est-ce que ça va tenir ?

Regardant la route de desserte il constata avec surprise qu'elle était submergée sur quelques dizaines de mètres à l'extrémité ouest. Il n'eut pas besoin de poser la question aux gars réunis autour de lui. Ils prirent la parole à voix basse mais un peu tous en même temps comme s'ils étaient enfin soulagés de pouvoir en parler au patron.

« C'est pas normal ! On n'aime pas ça. On comprend rien et les gars de Norte nous disent rien ! L'eau doit jamais passer au-dessus du barrage ! Il y a trop de pression avec les deux lacs qui sont pleins ! »

Carl décida de les réconforter « Vous connaissez comme moi le géant de béton armé qu'on a construit tous ensemble. Il a été fabriqué pour résister aux deux lacs pleins. C'e exprès qu'on a fait ces deux retenues, pour que toutes les turbines marchent toute l'année, même en cas de sécheresse. Les crues sont donc favorables à son fonctionnement. Je vais voir l'ingénieur en chef de Norte Energia en vous quittant, et on en reparle après. »

À son retour dans les bureaux de Norte Energia, Donnermann, retrouva l'ingénieur en chef de la société de production électrique, Luis Alvaro, assis prostré sur une chaise, des documents étalés devant lui.

La tête baissée il restait muet. Il se décida enfin à parler très lentement, comme si chaque mot prononcé pesait une tonne et l'écrasait « Carl, les grandes portes coulissantes qui protègent les turbines sont bloquées sur 10 emplacements et ne peuvent plus s'ouvrir parce que l'acier qui a été employé pour les construire n'est pas conforme au cahier des charges. L'acier utilisé est beaucoup moins épais que ce que le programme prévoyait, mais il a été facturé au prix initial. Le fournisseur de l'acier présent dans les travaux du barrage a fait un profit de plusieurs millions de dollars sur ce coup.

Le risque est clair. Si 10 portes ne fonctionnent plus et si les pluies continuent l'eau va déferler par-dessus le barrage et ça va le fragiliser. »

Carl Donnermann était stupéfait et scandalisé du degré de corruption que cela représentait, mais il n'était pas inquiet pour la résistance du barrage.

« Luis, c'est une saloperie et il faut trouver qui a bien pu faire ça. Mais ne t'inquiète pas trop. Cela ne fragilisera rien du tout. L'eau va passer au-dessus du barrage au lieu de circuler à travers les turbines.

On perdra de la production électrique mais ça fera le même volume d'eau, et quand les pluies s'arrêteront tout rentrera dans l'ordre. »

Luis Alvaro reprit la parole avec une énergie qui contrastait avec son épuisement précédent « Tu n'as pas compris Carl ! Le mensonge et le vol sont partout. Je ne suis pas d'accord avec toi. La mauvaise qualité des matériaux fournis pourrait même menacer la solidité du barrage. Et comme tu ne me crois pas je vais te parler béton, un mot qui va t'intéresser. Les autres documents que j'ai trouvés sur ce sujet sont malheureusement très simples à comprendre et c'est le même mécanisme que pour l'acier des portes.

Les milliers de tonnes de fers à béton qui ont été fournis au chantier sont d'un diamètre inférieur à ce qui était prévu au devis, mais ils ont été payés au prix fort prévu par le contrat. Le gain sur cette commande peut être estimé à des dizaines de millions de dollars. Sur ce point tu ne vas pas me dire que cela n'aura aucune influence sur la solidité du barrage ! Et quand tu sauras que le sable fourni au chantier était du sable de mer non lavé payé au prix du sable de carrière tu peux imaginer l'ampleur des fonds qui ont été détournés ! La corruption est gigantes…….. »

Carl Donnermann lui coupa la parole avec violence. Pâle comme un mort il pouvait à peine parler et bégayait en claquant des dents malgré la chaleur qui les entourait « Pardon Luis, tu n'y es pour rien. Mais ce que tu viens de me dire est terrifiant.

Ce barrage géant est fabriqué avec des milliards de tonnes de sable et de ciment dans lesquels on a inséré des milliers de tonnes de ferraille.

C'est l'association intime de ces matières qui donne sa résistance exceptionnelle au béton armé. Le sable de mer roulé pendant des siècles par les vagues, rond et lisse, ne s'accroche pas bien aux fers à béton. Tous les ingénieurs du batiment le savent. La résistance de tout ouvrage construit avec du sable de mer est affaiblie. En plus, comme ce sable est salé et qu'il n'a pas été lavé pour enlever le sel il accélère la corrosion des fers à béton qui sont déjà plus minces que ce qu'il faudrait. »

Luis Salvo était impressionné par la peur intense que manifestait devant lui Donnermann, l'ingénieur en chef d'Oberschlecht, toujours calme et concentré, sûr de lui et de ses équipes. Il comprit soudain qu'avec l'inondation exceptionnelle qu'ils subissaient depuis un mois le barrage devait résister à une surpression dangereuse.

Carl avait réuni l'équipe d'Oberschlecht sans parler de la corruption qui le dégoutait complètement. La seule et unique chose qui comptait, c'était la résistance de l'ouvrage. Il avait rapidement établi la liste des points sensibles à vérifier et envoya ses collaborateurs en expédition. Lui-même se rendit sur le flanc ouest de l'ouvrage là où l'eau déferlait déjà par-dessus le barrage et contre les roches d'accrochage latéral de l'ouvrage. Il avait l'impression que le grès de la colline commençait à s'effriter sous la surpression des masses d'eau, et ça ne lui plaisait pas du tout.

À Bajamira l'élégant spectacle des larges corolles blanches des parachutes emportées par le vent et s'écartant peu à peu de la ville pour décorer le vert intense de la grande forêt, ne plaisait pas du tout au capitaine Mathéus Terra. Il avait sous-estimé la profondeur de l'eau qui entourait la ville dans toutes les directions et dont personne ne l'avait informé. Il était très inquiet pour ses hommes.

Une heure plus tard, à peine la moitié de ceux qu'il avait vus sauter étaient parvenus à le rejoindre. Ces combattants aguerris se tenaient devant lui épuisés et trempés et beaucoup n'avaient plus leur armement complet.

Un sergent chef qui avait combattu aux côtés de Mathéus Terra dans les pires circonstances, lui fit un bref résumé « Mon capitaine c'est l'enfer mou et visqueux et il y a plein de saletés de bestioles dans l'eau. J'ai dû lâcher des chargeurs qui étaient trop lourds et qui m'attiraient au fond dans la gadoue. Je m'en suis sorti mais j'ai vu à dix mètres de moi le caporal Marador s'enfoncer dans l'eau et ne pas ressortir !

Et le pire c'est qu'il n'y a pas d'ennemis, seulement des serpents, des crocos et des piranhas.

Quand je pataugeais lamentablement j'ai quand même vu une chose surprenante, mais plutôt bien. Un peu plus loin, un des plus jeunes du régiment, Féliz Pinada complètement affolé était en train de se noyer quand deux pirogues d'Indiens se sont approchées de lui et l'ont remonté avec difficulté à bord de leurs bateaux si fragiles : un miracle ! Peut-être retrouverons-nous des camarades ? »

Carl Donnermann avait rejoint Luis Salvo dans son bureau à côté du centre de contrôle de l'ensemble du barrage. Aucun des deux hommes ne parlait et ils restaient parfaitement immobiles tous les sens aux aguets. À la même seconde ils dirent ensemble « ça vibre, pourtant c'est impossible, ça ne peut pas vibrer ! » Donnermann reprit ses esprits le premier en martelant les mots qui sortaient avec difficulté de sa bouche « On fait évacuer tous les hommes qui travaillent dans et sur le barrage tout de suite. Aide-moi, on prévient tout le monde. Ce gigantesque tas de ciment et de ferraille va sauter comme un bouchon de champagne entre les deux rives du fleuve.

Il n'est pas suffisamment arrimé sur les collines pour les volumes d'eau qu'il doit supporter en ce moment avec l'inondation, et j'ai vu du côté ouest que la roche commençait à se désagréger lentement. La pression est trop forte. Rien ne résistera.

Luis peux-tu appeler les bureaux de Norte Energia et d'Oberschlecht à Bajamira. Prends le talkie Motorola et sors sur le barrage. On est à 10 km de la ville. Il y a une petite chance qu'ils nous entendent. Dis-leur de monter sur les collines le plus haut possible et le plus vite possible ! »

Luis le regardait incrédule mais l'autorité naturelle de Carl était si forte qu'il sortit le talkie à la main pour appeler Bajamira.

L'accord de Luis pour appeler les bureaux d'Oberschlecht et de Norte Energia à Bajamira avait un peu calmé Carl qui ne pouvait s'empêcher de lui transmettre son inquiétude « Je sais que tu ne me crois pas et je te comprends. Tu n'as pas oublié que je suis un réaliste, un ingénieur béton, et de surcroît un ingénieur allemand. Tout ça ne fait de moi ni un poète ni un devin, mais j'ai un très mauvais pressentiment. Je ne sais pas quand ni où, mais ça va lâcher ! »

Au moment où il prononçait ces paroles une forte vibration traversa les milliards de tonnes de béton armé du barrage faisant trembler les hommes debout et déséquilibrés qui commençaient à croire Carl avec inquiétude.

Le directeur d'Oberschlecht à Bajamira écoutait Luis lui expliquer le point de vue de Carl Donnerman qui était remonté sur la voie de desserte supérieure du barrage mais qui redescendit eu urgence quand on le prévint que la liaison fonctionnait avec Bajamira. Carl saisit le combiné « Patron, vous me connaissez depuis des années, je ne suis pas un fantaisiste. Je ne vous demande qu'une chose. Évacuez tout le monde sur la grande colline du nord !

Ils auront à marcher et ça les fera râler. Faites-moi porter le chapeau. Ils me traiteront de cinglé, mais ils vous suivront. » La communication s'interrompit brutalement et ne put être rétablie.

Les annonces mystérieuses et inquiétantes de Biraoni, le cacique des Kayapos, et de Candalida, l'ingénieure agronome, avaient produit des effets contrastés. Les Kayapos et les paysans pauvres du sertão prévenus par Candalida avaient cru aux prophéties, et ils s'étaient enfuis de la ville aussi vite qu'ils le pouvaient.

Mais les drogués du mélange pouvoir/argent/armement qui rassemblaient à la fois les grandes entreprises riches et puissantes et les gangs criminels ne ressentaient aucune inquiétude et restaient convaincus de leur prochain succès.

Leur objectif central était de piller l'Amazonie pour lui arracher toutes les richesses qu'elle dissimulait jalousement dans son sous-sol et qui ne servaient à rien à ces Indiens parasites. Ils partageaient aussi la conviction inébranlable que le mélange d'argent de violence et d'armes les protégerait de tout, et qu'ils allaient être bientôt les maîtres incontestés de l'Amazonie.

Oberschlecht cette entreprise mondiale de travaux publics avait gagné des sommes inimaginables en construisant en pleine jungle le 4e plus grand barrage hydroélectrique de la planète. Mais l'argent volé en plus par la corruption sur ce gigantesque chantier se chiffrait en centaines de millions de dollars. Le patron d'Oberschlecht à Bajamira avait donc délibérément ignoré la démarche courageuse et angoissée de l'ingénieur-chef de chantier en abrégeant volontairement l'échange téléphonique qui aurait pu créer désordre et suspicion.

Da Souza l'empereur du palmier à huile, se reposait détendu dans son palais baroque et n'accordait pas le moindre crédit aux rumeurs absurdes qui commençaient à circuler sur des difficultés techniques du barrage. Pourtant Brutante, son adjoint et le caïd incontesté de ses hommes de main ne cessait de répéter « Patron ça ne sent pas bon. Des connards d'ouvriers d'Oberschlecht ont commencé à fuir Bajamira et ils avaient vraiment la trouille. Il y a quelque chose de pas normal. Si vous êtes d'accord, je monte au barrage et je reviens vous voir. »

La réponse de Da Souza fut brève mais claire « Tu m'emmerdes, mais si ça t'amuse prends mon 4x4 personnel et emmène quelques hommes solides avec toi.

Avant d'aller inspecter le barrage qui n'a pas besoin de ton aide, passe voir si nos paysans sans terre ne profitent pas de l'occasion pour se faire la malle. Je t'offre la promenade mais grouille-toi. On a du travail et je veux récupérer cette imbécile d'ingénieure au plus vite ! »

Les trafiquants colombiens n'avaient eux non plus rien à faire avec le barrage et ne s'intéressaient à Bajamira que comme un relais sur la route du florissant trafic de cocaïne qui allait déferler sur le Brésil grâce à eux.

Colombaro venait de partir au nord avec trois hommes et des mules pour réceptionner en Colombie la nouvelle cocaïne que les chimistes achevaient de mettre au point pour le marché brésilien. Il était furieux de n'avoir pas pu prendre son superbe Hummer H1 pour prendre livraison de la marchandise, et surtout pour pouvoir transporter plus d'armes et de munitions, lourdes et encombrantes, mais l'eau l'en avait empêché ! Il savait d'avance qu'il allait être accueilli par une partie de rires et de moqueries de ses associés colombiens sur un thème qu'il n'avait pas de mal à deviner « Alors José, on sait que tu vis dans la forêt tropicale et comme on est des copains on voulait te suggérer de faire faire les livraisons par des singes qui sont rapides, agiles et qui passent par les arbres sans se mouiller et sans mouiller la camelote ! En plus ils travaillent gratuitement ! »

La vérité c'était qu'il n'y avait plus une goutte d'essence à Bajamira et que son magnifique 4x4 ne servait plus à rien, mais il n'avait pas du tout envie de le leur dire ! Et ça l'amusait encore moins de revenir dans quelques jours vers Bajamira à travers la jungle avec trois mules surchargées par des paquets de drogues, et seulement quelques armes .

Mais c'était mieux que rien, et comme il avait dissimulé une belle réserve personnelle d'armes de gros calibre dans le sous-sol de sa maison à Bajamira, ses ennemis seraient encore plus affaiblis que lui. Il contrôlerait donc sans difficulté la situation à son retour.

Il lui resterait seulement à éliminer tous les Indiens du Xingu et les minables malfrats qui venaient de prendre le contrôle de la prison.

Les prophéties de Biraoni, et de Primer Indiano, le cacique kayapo du nord, désormais connues des Indiens de Bajamira avaient eu un effet décisif sur leur comportement. Tous les Kayapos, les hommes, les femmes et les enfants, du plus petit au plus grand, avaient tous rejoint leur village. Ils avançaient sans hâte mais avec détermination. Les plus méprisés des métis et les épaves indiennes alcoolisées clopinaient hors de la ville cahin-caha, mais sans la moindre hésitation. Les jeunes esclaves indiennes des bordels colombiens étaient devenues intenables.

Dès qu'un gardien avait cessé de les surveiller ou qu'un client était parti, elles s'enfuyaient en courant. Les Colombiens n'étaient pas assez nombreux pour les poursuivre toutes et leurs méthodes sanguinaires ne leur servaient à rien. Une esclave de bordel abattue, c'était une perte nette sur le cheptel et une balle gâchée.

Les Kayapos n'avaient jamais été aussi nombreux dans leurs villages et une sympathique pagaille s'installait.

Biraoni voulait absolument sauver l'évêque du Xingu, son ami Erwin Stark, et il avait envoyé une dizaine d'hommes choisis parmi les plus grands et les plus forts auxquels il avait dit « Je veux le revoir vivant au village. Il est petit et il ne pèse rien. S'il faut le porter, portez-le. Débrouillez-vous ! » Erwin Stark était dans sa petite maison quand de jeunes Indiennes échappées des bordels colombiens arrivèrent affolées chez lui.

De leurs propos mélangés et chaotiques, lui qui parlait kayapo, comprit que le jeune cacique avait prophétisé la rupture prochaine du barrage et la destruction de la ville.

Quand les guerriers kayapos surgirent chez lui l'évêque ne fut donc pas très surpris mais il n'accepta de les suivre que si toutes les filles s'enfuyaient avec eux. La petite troupe, criant et chantant avait fait oublier aux jeunes Indiennes la peur des tortionnaires.

Le spectacle du petit évêque aux cheveux blancs brinquebalé sur les épaules du plus féroce guerrier indien et qui en rajoutait en poussant de petits cris, mettait tout le monde de bonne humeur.

Chez les Kayapos l'ambiance était étrangement calme puisque les esprits avaient parlé par l'intermédiaire de Biraoni et de Candalida et tout le monde avait compris. Les deux messagers de la pensée des dieux étaient eux-mêmes surpris de la puissance de l'annonce qu'ils avaient relayée malgré eux. Biraoni maîtrisait mieux la situation car il avait souvent vu son grand-père prophétiser et il savait que le message ainsi transmis était aussi certain que le lever du soleil le lendemain matin et aussi implacable et dur que les rocs des collines. Il n'avait pas peur mais il devait prendre des décisions.

Candalida, plus incrédule, avait cependant reconnu toutes les sonorités de la voix de son grand-père Indi et même son accent inimitable qui faisait tellement rire les petits enfants de la tribu !

C'était donc bien lui qui leur avait parlé. Elle partageait avec Biraoni la certitude de la catastrophe annoncée et elle était convaincue comme lui qu'il leur restait peu de temps pour agir. Malgré cela les deux femmes, Candalida et Birana, avaient décidé de se rendre à Bajamira pour deux missions qui leur tenaient à cœur. Elles étaient toutes deux certaines que la colère du Xingu allait tout détruire mais elles ne se résignaient pas à voir mourir des innocents qu'elles connaissaient et qui les avaient aidées.

Candalida ne craignait pas la terrible catastrophe annoncée mais elle était terrifiée à l'idée de retomber dans les mains du tyrannique Da Souza. Elle cherchait Rocha le meilleur contremaître des équipes de Palmoco qui avait construit une milice de paysans du sertão qui travaillaient pour Da Souza par nécessité mais sans le respecter. Leur foi allait au Seigneur Jésus et c'était le Béato qui les bénissait et les contrôlait en même temps.

Rocha avait sauvé la vie de Candalida un jour de grande colère de Da Souza en prenant un gros risque devant le tyran. Elle s'en souvenait et voulait à tout prix le prévenir, lui et ses hommes du danger qui pesait sur eux tous. Elle croyait se souvenir qu'il habitait un hameau situé à mi-hauteur d'une colline déboisée qui avait été longtemps le meilleur potager de la ville. Il n'en restait rien et la terre elle-même reflétait son abandon. Elle trouva Rocha assis sur une souche prostré le dos vouté, à peine certaine de le reconnaître. Lui, la reconnut immédiatement

« Señora Obrador, c'est très dangereux. Si le patron apprend que vous êtes là, il vous tuera après vous avoir torturée. Rentrons dans la maison ! » Très heureux de la voir sans bien comprendre pourquoi elle était là, il s'affairait à lui préparer un café quand elle l'interrompit « Rocha tu fais partie de ceux qui m'ont toujours aidée chez Palmoco malgré les risques que cela te faisait prendre, et aujourd'hui je suis venue sauver la vie de ta famille et celle de tes amis du sertão.

Tu ne me croiras peut-être pas, mais il a tellement plu que le barrage commence à être menacé. Certaines parties de l'ouvrage sont déjà submergées. Le cacique des Kayapos et mon grand-père Primer Indiano, nous ont transmis le message des esprits.

Ils annoncent tous les deux la colère du Xingu. Le barrage va lâcher et Bajamira va être balayée par les eaux. Il n'en restera rien. Crois-moi je t'en prie. L'évêque vient de quitter la ville pour rejoindre les villages indiens. »

Rocha impressionné par le départ de l'évêque, était touché par la démarche de Candalida et le risque qu'elle venait de prendre en le prévenant « Señora vous êtes venue jusqu'ici. Je vous en remercie et je vous crois. J'ai entendu de drôles de racontars qui venaient des ouvriers d'Oberschlecht et j'en ai vu quelques-uns partir discrètement ce matin. Je rassemble ma famille et mes amis. Je vais prévenir le Béato et les hommes du sertão, accompagnés de leur famille vont partir avec moi sur les collines en remontant à l'écart du barrage. Merci et que Dieu vous garde ! »

Birana de son côté, avait décidé de prévenir Perigo et ses hommes qui les avaient délivrées, elle et ses compagnes en attaquant les dangereux Colombiens.

Arrivée devant la porte de la prison, elle demanda à voir le boss. L'homme qui gardait l'entrée du bâtiment avait participé à l'attaque des Colombiens et elle ressemblait tellement à son frère Biraoni qu'il lui demanda en souriant « Je ne me trompe pas, vous êtes la sœur du chef des Indiens ? »

Birina qui se battait contre le temps répondit en urgence « Oui. Dites à Perigo de venir tout de suite. Le barrage va lâcher ! » Deux minutes plus tard ce dernier surgit. Malgré l'urgence du moment, il resta interdit quelques secondes, subjugué par la beauté de Birana. Elle de son côté, n'avait pas une seconde à perdre

« Le bâtiment est solide et il est situé sur les hauteurs de la ville. Il a une petite chance de résister. Le flot devrait vous frapper sur le côté qui est moins large. Fermez les volets de toutes les fenêtres et faites monter tout le monde au dernier étage. Sinon ils mourront tous, noyés dans leur cellule. »

Les consignes furent transmises et exécutées aussi rapidement. Quelques minutes plus tard les hommes se retrouvèrent groupés dans la grande salle du haut. Certains, goguenards, regardaient Birana sans cacher leur convoitise. Perigo, Barracuda à côté de lui, prit la parole avec brutalité « Bandes d'imbéciles ! Sans Birana la sœur du chef des Kayapos qui a pris le risque de venir nous prévenir, nous serions tous destinés à la Mort ! Nous devrions tous la remerc……….. »

Il ne finit pas sa phrase. Une déflagration d'une puissance insupportable fit tomber à genoux les hommes qui essayaient de se boucher les oreilles avec leurs mains. Le grand immeuble en béton armé était secoué comme une maison de poupée en carton. L'eau jaillissait contre les fenêtres. Et on entendait les vitres se briser dans tout l'immeuble. La colère du Xingu venait de frapper avec son cortège de morts innombrables.

9

La ville de Bajamira avait disparu, pulvérisée par une longue et puissante vague de plusieurs dizaines de mètres de hauteur, machine de mort terrifiante créée par la rupture du barrage de Belo Monte sur la rivière Xingu. Les Kayapos avaient donné le nom de Belo Monstro à ce monument de béton contre lequel ils avaient lutté en vain pendant des années. Le nom qu'ils avaient choisi était d'une justesse prophétique. En quelques minutes le monstre avait dévoré les vies humaines par dizaines de milliers avec gloutonnerie et férocité. Pendant quelques jours les nageurs immobiles du Xingu encombrèrent si nombreux son cours qu'ils l'avaient presque ralenti. Les rares survivants n'avaient rien pu faire d'autre que de les saluer en regardant passer l'interminable procession des cadavres flottants.

Ensuite ces funèbres habitants de la grande forêt rejoignirent le grand fleuve Amazone se rassemblant nuit et jour le long des quais des ports de l'est que les myriades de corps inanimés bloquaient totalement. Des journalistes de télévision du monde entier s'entassaient sur les bords du fleuve Amazone et les plus enragés louaient des bateaux pour remonter vers le fleuve Xingu où la densité des corps gênait la navigation.

Les photos de la catastrophe transmises par les drones coupaient le souffle de ceux qui les voyaient et hantaient le sommeil des plus sensibles.L'opinion publique de nombreux pays du monde voyait dans ce désastre millénariste la punition méritée de l'avidité du Brésil engagé dans la destruction accélérée des forêts amazoniennes. Les Brésiliens eux-mêmes, d'abord raidis dans une défense sans nuances des agissements de leur gouvernement, avaient peu à peu rejoint l'opinion mondiale.

Les esprits numériques avaient estimé le nombre des morts et disparus à plusieurs dizaines de milliers d'individus, ce qui en faisait l'une des plus grandes catastrophes civiles jamais survenues en un seul lieu et en 3 minutes, dans l'histoire des hommes.

Sur le site de Bajamira où seuls quelques morceaux de béton rappelaient à peine qu'une grande ville avait existé dans ces lieux, le Xingu occupait à nouveau son lit naturel et coulait silencieux vers la grande Amazone. Un silence harmonieux et lent recouvrait l'immensité verte de la jungle avec une douceur inhumaine. Les hommes orgueilleux avaient construit le barrage et créé Bajamira pour matérialiser leur puissance sans limite. Ces deux objets impressionnants construits par leur orgueil avaient disparu en quelques minutes. La fragilité de ces mammifères prétentieux et bavards était clairement apparue et la grande forêt avait repris ses droits.

À Belo Monte les murs plus épais de la base du barrage, avaient en partie résisté et ils créaient un spectacle d'une émouvante beauté. Le Xingu rebondissait avec fracas sur plusieurs centaines de mètres en formant des cataractes de hauteurs variées sur toute la largeur de l'ancien ouvrage.

Une brume chaude qui brillait au soleil enveloppait ce paysage de destruction, magnifié par des milliers de papillons de toutes les formes et de toutes les couleurs qui se grisaient de poussière d'eau mélangée de lumière.

La vie la plus belle et la plus légère virevoltait au-dessus des masses de béton gris et stérile apporté par les hommes, comme si la grande forêt manifestait sa beauté en mobilisant à sa gloire les plus fragiles et les plus exubérants de ses habitants, libellules et papillons. L'eau qui coulait en cascades au-dessus du bas des murs dévastés du barrage avait retrouvé une limpidité de source. Les dépôts de terres et d'alluvions sombres et gras qui donnaient toujours aux rivières amazoniennes leur couleur marron sale, étaient restés prisonniers au fond du lac de retenue créé pour le barrage.

La puissante vague de terreur avait percuté le lit du fleuve avec une telle violence qu'en aval du barrage une grande zone de pierre débarrassée de toute végétation et vierge de toute impureté exposait aux regards une large étendue d'eau claire et calme qui chauffait au soleil.

Les petits poissons et les petits Indiens se partageaient ce nouvel espace de jeu qui leur était offert et les enfants grisés de bonheur et de vitalité accompagnaient leur joyeuse agitation de cris et de chants ininterrompus.

Quelques rares oiseaux se relayaient bec ouvert pour boire en l'effleurant cette eau plus pure qu'ils n'en avaient jamais vue. Les mères kayapos surveillaient d'un coup d'œil leurs rejetons aquatiques qui nageaient et plongeaient à l'envi tandis qu'elles-mêmes s'aspergeaient en riant de cette eau si transparente qu'on n'en voyait jamais de semblable sur le Xingu. Prévenus à temps de la catastrophe par la prophétie du jeune cacique Biraoni et par les paroles encore plus étranges de son grand-père Raoni, les Kayapos avaient presque tous réussi à échapper à la grande vague meurtrière.

Même si la réaction spontanée de mouvement et de joie des enfants avait permis aux adultes d'oublier quelques instants la situation, il fallait retourner sur le site de Bajamira pour chercher d'éventuels survivants.

Birina la jumelle tant aimée de Biraoni, le cacique des Kayapos, avait commis la folie de repartir dans la ville pour prévenir Perigo et ses hommes enfermés dans la prison dont ils avaient pris le contrôle quelques jours auparavant. La démarche était courageuse mais plus que dangereuse, et depuis, Birina comme la prison n'avaient donné aucun signe de vie.

Biraoni avait accepté que son ami Erwin Stark l'évêque du Xingu l'accompagne dans la recherche des survivants et Candalida avait imposé sa présence pour retrouver son amie Birina. Les Kayapos rassemblèrent une dizaine de pirogues et les portèrent jusqu'à la grande vasque de pierre à partir de laquelle le Xingu avait retrouvé son calme et sa sérénité. La descente vers Bajamira se révéla étrange et oppressante. La rivière s'écoulait habituellement entre des rives couvertes d'une végétation très dense peuplée de grands arbres séculaires et de buissons nombreux et colorés. Les immenses masses d'eau brutalement libérées par la rupture du barrage avaient fonctionné comme un bulldozer géant de deux cents mètres de large qui avait tout arraché sur son passage. Les arbres déracinés emmêlés entre eux et mélangés aux buissons et aux rochers avaient créé des murailles infranchissables de chaque côté du Xingu.

Aucun bruit d'animal et pas le moindre chant d'oiseau ne venait troubler le son léger de l'eau en mouvement, qui emportait les pirogues vers Bajamira. Mais ce calme anormal respirait la mort.

Les premières ruines de Bajamira commençaient à parsemer l'espace autour d'eux dans un désordre indescriptible dont l'odeur était de plus en plus pénible et déplaisante depuis que l'eau s'était retirée et que le soleil avait retrouvé son emprise sur les végétaux, les humains et tous les animaux. L'agglomération de favélas horizontales qui constituait l'essentiel de la ville dépotoir de Bajamira exposait sans pudeur ses entrailles de planches pourries de tôles tordues et d'objets fracassés. Mais la description de ce pauvre univers de déchets éparpillés aurait été incomplète et mensongère si l'on avait oublié de mentionner les restes d'êtres humains accrochés aux ruines et démembrés par la violence des flots.

Même le grand palais baroque en béton armé que l'orgueilleux roi du palmier à huile, Da Sylva, avait fait construire dans l'ancien lit du fleuve, n'avait pas résisté à la violence du déferlement et ses restes brisés gisaient en désordre au milieu de la boue. Les fausses colonnes corinthiennes que Da Sylva avait fait édifier sur la façade de son palais pour en faire l'image d'un temple consacré à sa propre gloire, emportées par la rage du flot avaient servi de béliers redoutables pour détruire les quelques immeubles qui méritaient ce nom dans Bajamira.

Aucun bruit n'habitait plus ces lieux dévastés alors que cette ville-dépotoir encombrée de populations à la dérive, droguées et alcooliques retentissait en permanence des cris, des bagarres incessantes et des coups de feu de ses dizaines d'eau milliers d'habitants.

La chape de silence qui recouvrait les lieux rendait muets les hommes et femmes qui avaient décidé de revenir à Bajamira pour y découvrir d'éventuels survivants. L'ampleur du désastre dépassait la capacité de l'esprit humain à donner une forme et un sens à ce qu'il voyait.

Ils étaient en état de sidération et ne trouvaient ni mots ni gestes qui puissent avoir une signification. D'une des pirogues monta cependant un chant harmonieux et limpide qui sortait de la bouche d'un petit homme aux cheveux blancs et à la voix douce que tous reconnurent, Erwin Stark, l'évêque du Xingu.

Sa voix claire et faible tentait de redonner une forme à la vie et une signification à leur survie en ce lieu et en cette heure. Tous l'accompagnèrent peu à peu dans ce chant qui exprimait l'obstination de la vie humaine.

Après avoir chanté il prit la parole pour leur délivrer un message d'espoir, presque insensé au moment où il le prononçait « Le plan de Dieu me dépasse infiniment et je m'y soumets. Mais le plan des hommes j'ai l'audace de le connaître et je vous supplie de me croire.

Sur cette catastrophe nous allons construire ensemble un nouveau monde et une nouvelle vie qui respecteront la nature. Et nous nous respecterons nous-mêmes en tant qu'hommes dignes de ce nom, dans une ville harmonieuse et belle. »

Au moment où il prononçait ces paroles inspirées, des appels au secours et quelques gémissements animèrent faiblement le haut de la colline. Débarqués en hâte des pirogues les hommes coururent de toutes leurs forces vers la prison qui n'était pas située dans l'ancien lit du fleuve mais surélevée pour pouvoir mieux surveiller la ville. Devant la grande porte de fer du bâtiment endommagé mais pas détruit, un géant portait sur une épaule un homme brun et svelte visiblement blessé, et sur l'autre épaule une jeune femme évanouie. Malgré sa force il vacillait et les guerriers indiens se précipitèrent pour le soulager des deux corps qui l'écrasaient.

C'était Baracuda, l'homme lige de Perigo da Morte, le patron du premier commando de la capitale à Bajamira. Il portait Perigo sur l'épaule gauche et Birina, la sœur adorée du cacique des Kayapos sur l'épaule droite.

Biraoni ne parvenait pas à croire que sa sœur jumelle, Birina, était encore vivante, et il restait immobile, incapable de réagir. Candalida se précipita vers son amie en lui baignant le visage avec l'eau qu'elle avait emportée. Prenant son pouls, elle confirma « elle est épuisée mais elle est vivante et ne semble pas gravement blessée. C'est un miracle ! Laissons-la se reposer. »

Perigo reconnut Biraoni, et malgré ses blessures il parvint à lui dire « elle a eu un courage exceptionnel en venant nous prévenir. Elle nous a sauvés. » Il ajouta « il y a encore des hommes blessés mais vivants dans le bâtiment. Essayez de les trouver. Mais je vous préviens, les prisonniers qui auraient survécu sont parmi les pires criminels du Brésil, mais heureusement ils n'ont pas pu prendre les armes ni les munitions qui sont toujours enfermées dans la chambre forte. Prenez la clé, je vous la donne. » Perigo épuisé par ce dernier effort, perdit connaissance.

Les Indiens guidés par Baracuda retrouvèrent une dizaine d'hommes du PCC qu'ils purent emmener avec eux. Le géant répétait « Je n'y comprends rien. Il n'y a plus aucun prisonnier dans le bâtiment, et seulement quelques cadavres d'hommes noyés dans leur cellule. Les deux les plus dangereux, Volterra et Andrade ont réussi à s'échapper avec quelques hommes avant votre arrivée. Ils nous retrouveront un jour ou l'autre et ce ne sera pas pour nous offrir des fleurs ! »

Avant d'amorcer le retour au village pour y soigner les blessés, Biraoni décida d'envoyer un groupe mélangé de Kayapos et d'hommes du PCC jusqu'à l'hôpital ou ce qu'il en restait. Il s'adressa à eux « Votre patron va mourir et plusieurs hommes avec lui si vous ne trouvez pas médicaments et instruments pour les soigner. Nos histoires entre nous ça n'a plus aucun sens.

Vous savez qu'on a réussi ensemble à combattre les Colombiens, et on a gagné. Aujourd'hui nos ennemis ce sont la faim, la maladie et la mort. On reste unis ou on disparaît. »

Francisco l'homme qui avait accueilli Birana à la porte de la prison quelques minutes avant la rupture du barrage, avait survécu.

Se tournant vers les hommes du PCC il les admonesta « vous avez vu que le patron a remis les clés de la chambre forte qui contient toutes les armes et toutes les munitions au chef indien. Le message est clair : c'est lui notre chef maintenant en attendant que Perigo récupère. On part chercher l'hôpital. »

Biraoni et Candalida organisèrent tant bien que mal l'installation des blessés de la prison dans les pirogues qui remontèrent lentement vers le village principal des Kayapos. Pour y parvenir il fallait contourner les ruines du barrage en portant les hommes blessés et les pirogues. Fatigués par ces lourdes charges, ils progressaient lentement quand ils entendirent des voix très faibles qui les appelaient.

Un groupe d'hommes hagards s'étaient réfugiés sur une partie de la colline de gauche qui n'avait pas été complètement détruite. Biraoni reconnut au premier coup d'œil l'ingénieur en chef du barrage, Carl Donnermann avec ses hommes et il envoya les Kayapos à leur secours en leur donnant quelques provisions emportées par l'expédition de recherche.

Donnermann l'ayant remercié avec chaleur, ajouta « Vous aviez raison Biraoni, cacique des Kayapos. Vous avez été le seul avec la Señora Obrador à tenter de prévenir les habitants de Bajamira. Nous les ingénieurs et les experts, aveuglés par notre orgueil, nous avons failli à tous nos devoirs et des dizaines de milliers d'êtres humains sont morts. Mais la situation est pire encore que ce que nous craignions. Ce n'est pas la fatalité qui a détruit le barrage, c'est la corruption et la malhonnêteté des hommes. Je ne crois plus aux mirages de la technique et de l'argent. Toute notre équipe travaillera avec vous pour construire une nouvelle société d'hommes honnêtes qui respecteront la grande forêt. »

Les deux hommes ne s'aimaient pas, mais l'intense culpabilité qui écrasait l'ingénieur responsable de la construction du barrage parvint à toucher Biraoni, qui accueillit sans réticence ces hommes, accablés par leur sanglant échec.

Après avoir installé tant bien que mal les blessés dans les deux villages les plus proches en amont du barrage, Candalida voulut retrouver Rocha et les paysans pauvres du sertão qu'elle était allée prévenir au risque de sa vie. Elle expliqua que les sertaoes étaient des catholiques fervents qui constituaient une communauté généreuse et solidaire.

Si on les retrouvait vivants, il serait essentiel de les mobiliser pour donner vie au nouveau monde de l'Amazonie qu'ils voulaient tous construire. Elle expliqua tout cela à Erwin Stark qui en avait rencontré quelques-uns à la cathédrale. Ils partirent donc tous les deux, escortés de guerriers kayapos et d'hommes armés du PCC, vers les collines situées au-dessus de la maison de Rocha. Après une longue marche ils entendirent soudain de superbes cantiques chantés par des voix d'hommes de femmes et d'enfants. La pureté de ces voix dans ce lieu de désolation et de mort était surnaturelle.

L'évêque reconnut immédiatement les plus beaux chants d'action de grâce magnifiés par les violons du sertão, et tomba à genou pour remercier Dieu d'avoir épargné ces chanteurs émouvants qui introduisaient élégance et douceur dans ce lieu de morts et d'horreurs qui les entourait.

Rocha avait aperçu Candalida et l'évêque, et il se précipita vers eux.

Se tournant d'abord vers Candalida il la remercia avec des larmes dans la voix « Señora, sans vous nous serions tous morts ! Nous ne saurons jamais comment vous remercier. Notre principale tristesse est la disparition de notre Béato emporté par le flot. Mais nous avons aujourd'hui avec nous l'évêque du Xingu. Dieu a eu pitié de nous.

Monseigneur c'est vous qui allez désormais nous guider vers Jésus et nous sauver. Vous êtes désormais notre Béato, et nous vous suivrons partout. ». Erwin Stark, cet homme simple qui avait toujours défendu les perdants de la vie et les paumés du monde était profondément ému par ce petit groupe d'hommes de femmes et d'enfants, qui chantaient avec tant d'élan pour remercier Dieu de vivre encore ensemble au cœur du désastre de la forêt amazonienne.

Leur foi simple et lumineuse l'impressionnait et il allait s'adresser à eux quand une voix agressive et autoritaire l'empêcha de parler « ça va on arrête les cantiques et les prières, ce n'est pas Jésus qui commande ici. C'est moi. Je ne sais pas où est le grand patron de Palmoco, Da Souza, mais en son absence je prends le relais et y a pas de discussion. On a du boulot sur les palmiers ! Ils n'ont pas été tous déracinés par le Xingu et on doit s'en occuper. »

C'était Brutante l'adjoint de Luis Da Sylva et pour lui tout allait recommencer comme avant. Il n'avait pas le moindre doute. Il continua donc sans la plus petite hésitation « et vous les hommes du sertão vous pouvez m'expliquer pourquoi les femmes et les enfants sont ici avec vous. Vous n'avez pas le droit de faire venir vos femmes et vos enfants sans avoir reçu l'autorisation du patron. Je vais donc les renvoyer chez eux où ils crèveront de faim jusqu'à ce que je décide autre chose. »

Candalida n'en pouvait plus de l'écouter pérorer et lui coupa brutalement la parole « Da Souza est mort noyé dans l'eau du Xingu et dans son orgueil avec les milliers de paysans sans terre qu'il avait fait venir à Bajamira et qu'il a condamnés à mourir avec lui. Ton monde a disparu et les familles du sertão sont désormais sous notre protection. »

Brutante riait tellement qu'il ne pouvait plus parler « Eh petite, tu te prends pour qui ? Tu es pourchassée par le patron et tes jours sont comptés. Tu penses que c'est ton évêque miniature qui va te protéger et que Jésus va venir l'aider ! ».

Au moment où il allait sortir son arme, il se trouva en face des trois pistolets des hommes de Perigo répartis autour de lui. Et deux minutes après il était désarmé et avait les mains liées dans le dos. Hommes femmes et enfants du sertão se pressaient autour de Candalida et de l'évêque qui les rassuraient. Ils rejoignirent ensuite le chemin du principal village kayapo qui contournait les ruines du barrage.

La fragile communauté hétéroclite et bigarrée qui rassemblait ceux qui avaient survécu à la rupture du barrage de Belo Monte partageait un sentiment commun. Nul parmi eux ne comprenait vraiment pourquoi et comment il pouvait encore figurer parmi les vivants. Les dizaines de milliers de morts de Bajamira constituaient une escorte sinistre et trop angoissante pour le faible nombre d'êtres humains qui s'acharnaient encore à vivre sur les rives du Xingu. Chaque survivant avait l'impression de porter sur ses épaules des centaines de disparus, dont chacun quémandait attention et bienveillance. Sans un sursaut vital que nul ne pouvait exiger d'eux, la suite naturelle de ces évènements s'inscrivait dans un mélange irrésistible de dépression et d'abandon du goût de vivre.

Seules deux forces pouvaient ensemble lutter contre l'inéluctable effondrement : la confiance dans un avenir commun et l'énergie vitale.

L'évêque du Xingu offrait au groupe son inlassable optimisme nourri par sa foi dans le Christ, et les paysans sans terre du sertão l'accompagnaient avec enthousiasme.

Deux femmes jeunes et courageuses apportaient aussi le témoignage concret que l'on pouvait lutter sans mysticisme mais avec conviction contre la fatalité du mal et de la mort, en risquant sa vie pour d'autres au péril de la sienne.

Candalida avait préservé Rocha et les paysans du sertão de leur rendez-vous inéluctable avec la mort. Birina en partageant leur sort dans les murs si fragiles de la prison avait sauvé Perigo et ses hommes.

L'inimaginable violence du drame avait aussi rapproché deux hommes que tout séparait : Biraoni qui ne pensait qu'à détruire le barrage de Belo Monte et la ville de Bajamira, et Carl Donnermann, l'ingénieur en chef qui avait été le principal responsable de sa construction. Ces hommes si différente et profondément marqués par la catastrophe voulaient bâtir ensemble une nouvelle ville qui s'insèrerait dans la forêt sans brutalité, en utilisant avant tout le bois comme les Kayapos le faisaient depuis des siècles.

Mais ces hommes et ces femmes avaient été bouleversés et transformés par la catastrophe. Ils voulaient faire plus que construire une nouvelle ville en bois, ils voulaient construire une nouvelle vie harmonieuse et simple, purgée des miasmes du passé et protégée de l'avidité sans limite pour l'argent qui avait détruit le barrage et la ville de Bajamira. Ce rêve collectif prenait une importance croissante dans le cœur des survivants et devenait peu à peu pour tous une nouvelle raison de vivre et de se battre, même au sein du chaos.

Mais l'ancien monde existait toujours et n'avait renoncé à rien. Ses forces étaient réduites et bien peu nombreuses après la disparition de la ville pourrie avec ses habitants. Da Sylva l'actionnaire principal de Palmoco avait disparu mais sa société était toujours vivante. Ses milliards de palmiers à huile répandus sur les millions d'hectares de forêt tropicale détruite sur tout le Brésil continuaient à pousser sous les rayons du soleil.

Brutante, le chef des hommes de main de Da Sylva venait d'attaquer les survivants avec toute sa morgue pour reconstruire ce vieux monde à l'identique. Il n'avait rien compris et il gardait tous les réflexes agressifs de la vie d'avant, la brutalité compagne naturelle de l'avidité pour l'argent et le pouvoir.

C'était l'alliance imprévisible des Indiens avec les malfrats du PCC, initiée par l'évêque miniature du Xingu comme l'appelait Brutante, qui venait de les sauver.

La rupture du barrage de Belo Monte et la destruction totale de la ville de Bajamira accompagnées par les dizaines de milliers de cadavres qui avaient descendu le cours du

Xingu puis celui de l'Amazone étaient des évènements connus du monde entier.

Les vidéos d'amateurs réalisées par les ados embarqués dans les voitures qui tentaient en vain de fuir Bajamira avant la catastrophe avaient déclenché des réactions d'horreur sur les réseaux sociaux en montrant les urubus à cou rouge en train de se disputer des restes humains à coups de becs et de griffes le long de la seule route d'accès à la cité du crime.

Mais l'agonie de la ville de Bajamira n'avait suscité ni intérêt ni compassion au Brésil et encore moins à l'étranger, où une partie de l'opinion mondiale voyait dans ce désastre une sorte de punition du Brésil pour la déforestation forcenée de l'Amazonie soutenue par les gouvernements successifs du pays. L'écroulement de l'un des plus gros barrages hydroélectriques du monde et la disparition d'une ville de cent mille habitants en moins de 5 minutes avaient provoqué une stupéfaction muette et même les réseaux sociaux avaient arrêté leur incessant bavardage pendant quelques minutes. Mais les mécanismes impitoyables de la rentabilité maximum dévoyée en corruption n'allaient pas tarder à reprendre leur marche en avant et l'utopie bienveillante et courageuse des survivants de Bajamira allait bien sûr être menacée.

Les tenants du passé n'avaient aucune lucidité et encore moins d'imagination. Sans lucidité ils ne pouvaient pas comprendre ce qui s'était produit ni en tirer le moindre enseignement pour un éventuel avenir.

Sans imagination ils ne pouvaient concevoir comment un nouveau monde différent pourrait naître de la catastrophe. Leur seul recours était de reconstruire à l'identique le monde qui venait d'être détruit car ils avaient peur de toute nouveauté qui menacerait leur pouvoir.

Brutante dans sa volonté impitoyable de reconstruire Palmoco et son esclavage à peine dissimulé de milliers de paysans pauvres du Nordeste venait de démontrer que la violence de l'ancien monde était toujours là.

Biraoni, Candalida et l'évêque, encore marqués par le sauvetage inespéré des jeunes Indiennes hors des griffes des Colombiens craignaient beaucoup leur retour. Ils n'avaient pas tort.

En effet les trafiquants de drogue colombiens avaient jeté leur dévolu sur Bajamira pour en faire la première plaque tournante du trafic de cocaïne et d'héroïne sur l'immense marché brésilien. Colombaro le patron des trafiquants colombiens installés à Bajamira avait appris, incrédule, la destruction de la ville qu'il avait bien l'intention de mettre en coupe réglée à son retour de Colombie.

Pour accomplir sa mission vers le nord et rejoindre son pays il avait dû renoncer à son splendide 4x4 Hummer dernier cri et emmener trois hommes et quelques mules pour transporter la précieuse marchandise au retour.

Il était donc parti à pied quelques jours avant la rupture du barrage, et cela lui avait sauvé la vie. Mais il était furieux parce qu'il avait perdu sa voiture, ses clients, ses hommes restés à Bajamira et son stock de drogues et d'armes soigneusement dissimulées.

Il décida donc de revenir sur les ruines de la ville malgré l'hostilité de ses hommes à se rendre dans ce lieu maudit porteur de mort.

Son itinéraire n'était pas passé par les ruines du barrage, et ce fut au débouché d'une colline que son regard tomba sur les débris innombrables et les restes humains qui parsemaient l'immense espace ravagé qui avait été une ville. Sa réaction fut immédiate et ne comportait pas la moindre compassion pour les milliers de victimes éparpillées devant ses yeux. Il était seulement en colère « Une ville de ruines habitée par des morts ça ne m'intéresse pas. C'est aux vivants que je vends mes drogues, pas aux morts ! Tout le monde prétend que je suis un salaud insensible qui méprise et exploite les hommes. C'est complètement faux. J'aime les hommes et je leur vends des substances qui leur rendent la vie plus douce. Grâce à moi, même les plus pauvres et les plus démunis peuvent s'offrir des rêves de riches. On devrait me féliciter. En attendant ces félicitations on va repartir de cet endroit pourri, mais on reviendra ici pour chercher le stock d'armes et de munitions que j'avais si bien cachées dans les caves de la maison de maître. »

Visiblement les ruines de Bajamira ne lui servaient plus à rien. Mais son idée initiale restait juste : faire transiter les cargaisons de drogue de la Colombie vers l'immense marché brésilien en passant par la forêt amazonienne. Il fallait seulement qu'il sélectionne une autre ville pour lui servir de relais au Brésil.

Le curieux mélange de Kayapos et de criminels du PCC que le chef Biraoni avait envoyé à la recherche de l'hôpital, s'il en restait quelque chose, avançait péniblement au milieu des décombres dispersés de l'ancienne cité.

Aucune route goudronnée ne pouvait leur servir de repère puisque les rues de Bajamira étaient des pistes de terre qui avaient été retournées comme par des charrues géantes et plus aucun immeuble ne permettait de repérer le moindre alignement.

Ces hommes que le hasard avait réunis s'entendaient bien et se comprenaient un peu. Ils s'entraidaient pour grimper dans les décombres et pour soulever des fragments de murs effondrés. Les Kayapos avançaient très vite en sautant de pierre en pierre, comme s'ils étaient en chasse au sein de la forêt. Ils écoutaient tous les bruits à l'affût du moindre indice.

Les hommes du PCC étaient fatigués, mais Francisco les gardait sous pression en répétant « C'est fatigant, c'est dur mais on doit trouver quelque chose si on veut sauver notre boss. Il a besoin de nous. On continue les gars ! » L'un des plus jeunes Indiens, celui qu'on appelait le Chat et qui avait participé au sauvetage de Birina et des filles kayapos, était parti en sautant de pierre en pierre assez loin en avant du groupe.

Il revint vers Francisco qui ne l'avait même pas entendu. Il lui demanda de le suivre et lui montra une tôle marquée de la croix rouge des pompiers, puis, à côté une voiture identique retournée. Tous les hommes regroupés partirent alors dans la même direction.

Adossé à un énorme rocher qui l'avait protégé un bâtiment blanc avait en partie résisté aux flots. Des débris de murs carrelés surmontaient une porte située en haut d'un escalier très endommagé. Le Chat leur dit « Il y a des gens à l'intérieur. Je les entends. Il faut les dégager. Vite. Mais ce que je ne comprends pas c'est que c'est un bébé que j'entends crier et rien d'autre. C'est impossible après tout ce temps ! » Les autres se moquaient de lui en riant « C'est pas un bébé. C'est un petit chat de ta famille ! C'est pour ça que toi tu l'entends. » Il leur répondit « Racontez ce que vous voulez ! Moi je vais ouvrir cette porte. »

Quand le Chat commença à dégager les pierres et les gravats, Francisco réagit et mit toute l'équipe au travail. Au milieu du bruit qu'ils faisaient en tirant de toutes leurs forces la porte métallique déformée, des pleurs de bébé parvinrent à leurs oreilles.

Plus personne ne riait et les hommes redoublaient d'efforts. Le Chat, mince et agile se faufila le premier derrière la porte. Le temps passait et il ne ressortait pas. Il surgit soudain le visage défait et en tenant comme il pouvait dans ses bras un bébé qui hurlait « vous avez vu comme il est courageux mais il n'a pas bon caractère. Il faut qu'on lui donne quelque chose à boire et à manger ! » Plus calmement il ajouta « J'ai aussi trouvé la maman qui était morte mais encore chaude. Elle a dû le protéger et l'allaiter jusqu'à son dernier souffle. C'est grâce à ça qu'il est encore aussi tonique. »

Francisco décida d'envoyer immédiatement au village le Chat et un homme du PCC qui avait eu trois enfants pour qu'ils confient le bébé à une femme kayapo qui allaitait déjà. La porte ayant été enfin ouverte les hommes purent rentrer dans ce qui restait du bâtiment avec des torches qu'ils avaient préparées à l'avance. Ils commencèrent par couvrir le corps inanimé de la maman avant de revenir lui donner une sépulture.

Le refuge exigu qui avait accueilli la mère et son bébé était sans intérêt pour leurs recherches, mais une autre porte plus large ouvrait sur une grande pièce dont tous les murs étaient équipés de rayonnages couverts de flacons et de boîtes cartonnées de médicaments. Personne n'avait de sérieuses connaissances médicales, mais ils décidèrent d'emporter de l'alcool pour désinfecter les plaies, des compresses stériles, de l'aspirine et un ou deux antibiotiques couramment utilisés en forêt tropicale et connus de tous.

Candalida qui avait une solide formation scientifique et une pratique d'infirmière acquise dans la grande plantation de sa famille, reviendrait plus tard dans la caverne miraculeuse des médicaments. Ils bloquèrent l'accès à la porte avec de gros débris de l'immeuble et rentrèrent au village.

Candalida munie des quelques médicaments rapportés des ruines de l'hôpital réussit à soigner les plaies de Perigo et à faire baisser sa fièvre. Profitant de cette amélioration elle se rendit à la caverne hospitalière avec une escorte de guerriers kayapos et d'hommes armés du PCC et rapatria au village la presque totalité des médicaments. Puis avec Birina elles mirent au point une pharmacopée mixte qui associait les molécules chimiques et les herbes médicinales. Elles s'amusaient beaucoup toutes les deux à construire ce centre de santé et disaient en riant « Ce que nous sommes en train de faire toutes les deux est à l'image de la vie nouvelle que nous voulons construire. Nous mélangeons tout et tous pour faire du nouveau. Et en plus ce mélange de solutions pour soigner est bien plus efficace que chaque système isolé de son côté. Nous sommes les nouvelles fées de la vie en forêt mais il nous faut nos chevaliers de la Table ronde » proclamaient-elles en glissant un coup d'œil malicieux à Biraoni et à Perigo qui allait chaque jour un peu mieux.

La vie s'organisait peu à peu. Malgré leurs différences hommes et femmes, obligés de vivre ensemble par la grande catastrophe, aspiraient tant à oublier le passé et à inventer un monde nouveau que la tolérance gagnait progressivement tous les esprits.

Les Kayapos si méprisés par les Brésiliens de Bajamira et tellement exploités par les trafiquants colombiens, avaient survécu à la grande vague de terreur et c'étaient eux qui avaient accueilli tous les autres dans leurs villages.

Les hommes du PCC sauvés de la mort par Birina quelques minutes avant l'effondrement du barrage lui étaient profondément reconnaissants et l'expédition de délivrance des jeunes femmes kayapos menée en commun par les guerriers indiens et les malfrats du PCC avait créé des liens de véritable fraternité entre les deux groupes d'hommes. Le rétablissement rapide de Perigo avait fortifié ce rapprochement.

Les hommes d'Oberschlecht devaient leur vie à Donnermann qui les avait obligés à fuir le barrage quelques minutes avant son explosion, et leur survie à Biraoni qui les avait acceptés à bout de force dans le village kayapo.Mais la destruction de cet ouvrage exceptionnel auquel ils avaient consacré plusieurs années de leur vie les avait laissés hagards et sans force.

Les paysans du sertão profondément religieux, avaient retrouvé leur Béato et leur guide en la personne de l'évêque du Xingu, et lui étaient désormais totalement dévoués.

Chacun trouvait sa place et les réunions associaient Candalida et Birina, Perigo et Biraoni, ainsi que Rocha représentant les paysans pauvres du sertão. Le petit évêque du Xingu les entourait tous de sa foi et de sa bienveillance.

Mais surtout ce petit groupe de survivants écrasés par le nombre des morts qui les entouraient, se retrouvait protégé de l'agressivité du monde industriel par la malédiction intense qui entourait désormais les ruines de Bajamira et du barrage. Les Brésiliens naturellement mystiques étaient sensibles à la présence des esprits et convaincus que le diable était toujours présent dans le monde. Ils considéraient que ces lieux étaient maudits et ils ne voulaient à aucun prix s'en approcher.

Les survivants y avaient involontairement gagné un calme surnaturel qui les entourait et qui accompagnait l'espoir d'une reconstruction progressive d'une vie plus apaisée et plus harmonieuse. Le monde extérieur, actif et frénétique, les ignorait totalement. Personne ne souhaitait s'attarder sur cet événement désagréable et traumatisant. Les hommes préféraient l'oublier comme on oublie un mauvais rêve enterré au plus profond d'une conscience encombrée de culpabilité. L'effondrement d'un des plus grands monuments de béton armé du monde, accompagné par des dizaines de milliers de morts, montrait bien la fragilité de l'emprise de l'homme sur le monde naturel.

Le grand-père des jumeaux, le cacique Raoni Metuktire avait assisté sans surprise à la rupture de barrage Belo Monte qu'il avait annoncée à tous, mais il ressentait un grand malaise devant le prix à payer en morts et disparus pour libérer l'Amazonie et il savait qu'une autre catastrophe immense menaçait l'humanité.

Il devait absolument les en prévenir, même s'ils le prenaient pour un fou.

Dans son langage obscur et parfois compliqué, il leur dit « la mer asservie et salie par les hommes va les chasser hors de ses rives et l'eau salée fabriquera des montagnes en furie qui parcourront le monde ! Le nombre des morts sera incalculable. »

Tous l'écoutèrent, incapables de comprendre ce qu'il avait voulu leur dire mais très inquiets car ses prophéties s'étaient toujours réalisées.

10

Tous les scientifiques attentifs à l'évolution du climat et surtout ceux du GIEC qui venaient de rendre leur rapport, convergeaient dans leurs analyses pour reconnaître désormais l'influence déterminante des activités humaines dans le réchauffement climatique. Le doute n'était plus permis. Mais les effets du changement climatique étaient à la fois imprévisibles et contradictoires. L'inondation exceptionnelle de la forêt amazonienne provoquée par des pluies diluviennes et presque incessantes pendant plus d'un mois avait coïncidé avec des sécheresses anormales en Afrique, en Inde, et même en Europe. L'intensité et la fréquence des chaleurs extrêmes avaient accéléré la fonte des glaces notamment dans l'Océan Arctique. Au Groenland la fonte des glaces terrestres était passée de 40 milliards de tonnes par an en 1980 à 250 milliards de tonnes par an en 2020. Pour le moment la menace du réchauffement climatique commençait à produire des effets désagréables au quotidien mais sans provoquer de bouleversement immédiat des modes de vie dans les pays les mieux équipés. On avait encore du temps. Ce délai laissait aux hommes les moyens de s'adapter et de corriger leurs excès. La submersion de quelques îles du Pacifique était plus anecdotique qu'angoissante.

Paradoxalement le nouveau danger pour les humains n'allait pas surgir directement de la mer mais d'un grand continent où il ne pleut jamais et sur lequel l'eau reste sagement immobile et gelée : l'Antarctique.

La station Concordia avait été implantée à l'est de l'Antarctique dans une zone considérée comme particulièrement stable de la région. La grande chaîne de montagnes trans-antarctique qui séparait l'est et l'ouest du continent sur une longueur de plus de 3 000 km, avec des sommets à plus de 4 000 mètres d'altitude était éloignée de Concordia.

Dans cette station scientifique internationale le suivi géologique et sismique n'était pas une priorité car aucun évènement intéressant ne s'était produit dans ce secteur depuis très longtemps.

Au réveil le jeune stagiaire responsable du suivi sismique à Concordia constata avec surprise qu'une série de petites secousses avaient été enregistrées et reportées sur le graphique papier. Les différentes stations du continent n'avaient enregistré aucune variation significative pendant la nuit et le stagiaire était gentiment brocardé par ses voisins. Le téléphone sonna. C'était une station voisine : « Tu devrais dire à ton chien de ne pas se gratter le matin contre le sismographe. Il fatigue l'appareil et il nous réveille brutalement. C'est mauvais pour la santé ! » Un peu surpris par l'énergie du petit chien de Concordia un membre mieux réveillé de la station chilienne avait appelé Santiago, la capitale, qui était dotée d'une centrale très bien équipée pour le suivi du volcanisme. « Notre voisin glacé en Antarctique a sans doute réveillé brutalement son chien qui s'est gratté contre le sismographe, ce qui a laissé de petites traces sur le papier. Qu'est-ce que vous en pensez ? » La réponse de Santiago du Chili manqua tout à fait d'humour animalier.

« C'est vous qu'il faut réveiller. Ce ne sont pas de petites traces de secousses sismiques que nous avons enregistrées. Ce sont de vrais mouvements souterrains qui montent en régime régulièrement sur plusieurs centaines de kilomètres. On dirait un début d'orogenèse nous dit notre géologue archéologue. Jusqu'à aujourd'hui nous l'avions toujours cru et considéré comme sérieux, mais il vient de nous préciser que l'orogenèse, ce type de mouvement de la croûte terrestre en Antarctique a eu lieu pour la dernière

fois il y a environ 500 millions d'années ! On trouve que ça fait vraiment depuis longtemps et on se méfie toujours des archéologues ! Ils n'ont pas la même façon de compter que nous ! »

Les échanges humoristiques du début de la matinée allaient rapidement cesser quand plusieurs stations réparties sur tout le continent glacé envoyèrent des messages d'alerte faisant état de secousses significatives perçues par les hommes. Les plus puissants centres de surveillance sismique extérieurs à l'Antarctique manifestaient aussi de réelles inquiétudes.

L'hypothèse d'une orogenèse par subduction pouvant entraîner la croissance en altitude de la chaîne de montagnes trans-antarctique et la séparation brutale entre l'antarctique de l'est et l'antarctique de l'ouest devenait crédible même si l'humanité n'avait jamais connu, au cours de sa brève existence organisée de 10 000 années, des mouvements aussi gigantesques des plaques tectoniques.

Dans le monde entier les sismologues incrédules et stupéfaits décrivaient le même phénomène. Sur des centaines de kilomètres de long, des intrusions massives de magma invisibles en surface se répandaient dans le sous-sol au pied des montagnes qui séparaient l'antarctique de l'ouest et l'antarctique de l'est.

Mais plus surprenant encore, la chaîne de montagnes trans-antarctique grandissait. Toutes les mesures par satellite confirmaient que ces vieilles montagnes connaissaient une croissance d'adolescents. Depuis le réveil du chien de Concordia les sommets de la chaîne avaient pris des dizaines de mètres d'altitude.

Les géologues savaient que le poids inimaginable des glaces accumulées sur l'Antarctique avait enfoncé la croûte terrestre sur la zone ouest du continent. Sur les cartes des sismologues le phénomène ne cessait de s'allonger.

Mais les intrusions du magma brûlant dégorgeant du centre de la Terre ne se voyaient pas du tout à la surface car les 10 000 mètres d'épaisseur de glace accumulées sur la terre écrasaient tout de leur masse et les immenses étendues blanches restaient intactes et immobiles. Les pointes rocheuses acérées de la chaîne trans-antarctique avaient toujours dépassé du manteau de glace à certains endroits, mais elles étaient stables depuis des milliers d'années.

Les pilotes des avions envoyés d'abord en observation par l'Argentine et le Chili utilisèrent les mêmes mots qui exprimaient peur et incompréhension :

« Las montanas crecen ante nuestros ojos. Es impossible ! » (Les montagnes grandissent sous nos yeux ! *C'est impossible !)* Au cours des heures qui suivirent des millions de mètres cubes d'eau douce commencèrent à se déverser hors de l'Antarctique dans la mer de Wedell et dans la mer de Ross.

Un mois plus tard les sismologues étaient catégoriques. L'orogenèse se poursuivait avec la même intensité et les intrusions de magma ne cessaient de s'étendre le long de la longue chaîne montagneuse trans-antarctique. Pour le moment le phénomène localisé dans une zone inhabitée, avait d'abord beaucoup inquiété les spécialistes.

Mais il ne figurait plus aux premières pages des journaux et se trouvait assez délaissé par les grandes télévisons mondiales. Sur les réseaux sociaux l'attention du public s'était lassée, mais des écologistes plus sérieux et mieux formés soulignaient sans beaucoup d'échos que cette étrange éruption volcanique si longue pouvait devenir dangereuse pour le monde entier.

À Ushuaia, dernière ville argentine située en face de l'Antarctique les pêcheurs surpris avaient constaté que l'eau de la mer était moins salée et plus froide qu'avant.Mais ils ne comprenaient pas du tout pourquoi car un tel phénomène ne s'était jamais produit.

Un jeune pêcheur venait d'arriver du nord. Passionné par le continent blanc, et vissé sur les réseaux sociaux dès qu'il descendait de son bateau, il leur apporta la réponse simple à la question posée. « Eh les gars, vous n'avez pas entendu parler d'une grosse éruption volcanique dans l'Antarctique. Pour le moment la glace est si épaisse qu'elle avale tout et qu'on ne voit rien à la surface. Mais le magma brulant en dessous ça lui chauffe quand même le ventre et elle fond. Elle est gentille et nous envoie tout doucement son eau froide et douce pour partager. C'est pour ça que notre eau est un peu plus froide et un peu plus douce que d'habitude ! Mais avez-vous vu où se situe la marque de l'eau à son maximum sur les murs du port ? L'eau monte plus haut que la marée haute dans le port mais tout se passe calmement et personne ne s'inquiète.

Si la glace continue à avoir trop chaud sur le continent glacé des flots d'eau froide et douce nous noieront tous ici et ensuite ce sera le tour du monde entier. Je vous le dis. Il faudra fuir très vite vers les collines ! »

Tous les pêcheurs et les habitants d'Ushuaia qui avaient écouté cette discussion s'amusaient beaucoup et se moquaient du jeune pêcheur qui ne connaissait pas le pays.

Les avions observateurs signalaient qu'un creux commençait à être visible sur des centaines de kilomètres au pied des montagnes de la cordillère antarctique du côté est. Et comme l'avaient signalé les premiers avions à avoir survolé la zone, les montagnes continuaient à croître vers le ciel et se déplaçaient vers l'ouest en donnant même l'impression qu'elles commençaient à s'incliner dans cette direction. Un des pilotes eut une formule tellement simple qu'elle demeura dans tous les esprits, du plus grand sismologue au plus modeste marin sur sa barcasse

« On a l'impression de survoler une longue couture en train de lâcher entre les deux parties de l'Antarctique ! Et il n'y a pas de couturière pour la réparer. »

Une réunion des ministres de l'environnement des dix pays présents en Antarctique fut organisée volontairement à Ushuaia pour montrer au monde que dans la ville la plus proche de l'Antarctique la situation était sous contrôle et sans risque.

Le constat était clair. Des milliers de milliards de litres d'eau chauffée par le magma en fusion s'écoulaient sans interruption du pôle Sud vers le Pacifique et l'Atlantique, mais cette gigantesque inondation s'opérait doucement et dans le calme. Selon les plus illustres spécialistes l'intrusion du magma souterrain contrarié par les masses de glace accumulées au cours des 500 000 dernières années sur l'Antarctique, allait bientôt s'interrompre. La seule conséquence négative de cet évènement exceptionnel serait sans doute une hausse anormalement rapide du niveau des mers d'environ 10 à 30 centimètres. Cela compliquerait un peu la vie dans les ports et réduirait la largeur des plages offertes aux touristes. Ce n'était pas un drame !

Les habitants d'Ushuaia étaient assez fiers de recevoir chez eux une grande réunion internationale consacrée à leur grande voisine glacée, et ils se sentaient en sécurité.

Afin d'apporter des nouvelles fraîches aux ministres des États réunis à Ushuaia, des avions d'observation avaient été envoyés à plusieurs endroits de la longue chaîne montagneuse trans-antarctique.

Les discussions battaient leur plein dans la grande salle de l'Hôtel de Ville quand trois appels presque concomitants firent apparaître des images sur les écrans.

Les observateurs aériens situés à quelques centaines de mètres d'altitude au-dessus des sommets de la chaîne trans-antarctique étaient affolés par l'ampleur du phénomène.

« Les montagnes s'écartent vers l'ouest et s'enfoncent ! C'est pas croyable. Maintenant le magma sort au pied des montagnes aussi loin que je peux le voir. Le grondement est insupportable ! Un immense nuage de vapeur d'eau et de poussières monte dans le ciel et se rapproche de l'avion. Je dois décrocher. »

Un silence de mort était tombé sur la salle de réunion. Les autres avions volontairement répartis le long de la chaîne de montagnes confirmaient tous le premier message reçu. Les montagnes croissaient en hauteur bougeaient et s'écartaient vers l'ouest et donnaient naissance à une large et profonde crevasse remplie d'un magma rougeoyant parcouru de courants et d'explosions.

Un géologue resté calme et clair prit la parole devant les ministres réunis « Ce que je vais vous dire n'engage que moi au moment où je prononce ces mots. Ce qui se produit est un évènement sismique et géologique inconnu et incompréhensible par les hommes, mais les plaques tectoniques se moquent bien des hommes. La plaque tectonique qui supporte l'ouest du continent antarctique s'est déjà enfoncée à cause du poids phénoménal des glaces qui pèsent sur elle. L'est et l'ouest du continent antarctique sont en train de se séparer et la partie ouest va s'enfoncer dans l'océan parce que son plancher océanique est plus bas. Si mes souvenirs sont exacts, la fonte totale des glaces accumulées sur le continent ouest antarctique pourrait entraîner une hausse de 8 à 10 mètres du niveau des mers sur l'ensemble du globe. C'est déjà insupportable pour les activités humaines.

Mais si l'enfoncement de ces millions de milliards de tonnes de masses rocheuses alourdies par les milliards de mètres cubes de glace qu'elles supportent, se produisait brutalement cela provoquerait un ou plusieurs mégatsunamis comme l'humanité n'en a jamais connu. L'organisation actuelle des hommes sur la Terre n'y résisterait pas. »

Le silence et l'incrédulité dominaient les esprits des participants à la réunion. Seul un géographe spécialiste de l'Antarctique ajouta quelques mots « Je partage complètement l'analyse qui vient d'être présentée et j'ajoute que les 7 000 mètres de profondeur de l'océan dans cette zone peuvent malheureusement absorber la totalité du continent ouest antarctique. Excusez la simplicité de ma démonstration mais je crains qu'elle ne soit juste. Si vous lancez un petit caillou dans un étang il ne se passe rien. Si vous lancez un très gros caillou dans un étang peu profond cela crée des éclaboussures sans conséquences. Si vous lancez un très gros caillou dans un étang très profond vous provoquez une très grosse vague.

Le caillou couvert de glace qui va s'effondrer dans l'océan austral a environ 5 millions de km2, dix fois la taille de la France, et sa masse est incalculable. Si ce gigantesque caillou tombe brutalement dans la mer un ou plusieurs tsunamis géanst de plusieurs centaines de mètres de hauteur déferleront sur le monde. »

Pendant quelques semaines l'eau douce de la fonte de l'inlandsis continua à couler lentement dans les océans et la hausse du niveau des mers devint une réalité mesurable.

Les incrédules étaient légion et la vie quotidienne de beaucoup n'avait guère changé. La montée lente du niveau des océans avait submergé les zones côtières les plus basses et avait commencé à perturber les ports de l'hémisphère Sud, mais on avait malheureusement oublié la démonstration du géographe à Ushuaia !

Au cours du mois suivant une première vague de 300 mètres de haut parcourut d'abord l'Atlantique et le Pacifique en remontant vers le nord, dévastant ports et villes côtières et détruisant totalement la flotte commerciale mondiale.D'autres tsunamis suivirent en accompagnant le rythme des basculements successifs dans la mer des morceaux de la chaîne montagneuse trans-antarctique. Des zones très denses et très habitées comme le delta du Gange et du Brahmapoutre furent totalement submergées et la ville de Calcutta fut intégralement détruite.

Ensuite le niveau de l'ensemble des mers du globe se stabilisa à près de 9 mètres au-dessus de la situation antérieure. L'estimation du nombre des morts et disparus était impossible parce que tous les systèmes de mesure avaient été détruits ou endommagés. On savait seulement que presque 30% de la population mondiale vivaient en zone côtière et qu'aucune mesure d'évacuation n'avait été prise nulle part. Des milliards d'êtres humains éloignés de l'Antarctique et restés incrédules face à la possibilité d'une catastrophe furent submergés par les trois premiers mégatsunamis qui se succédèrent en quelques jours.

La flotte mondiale de porte-conteneurs estimée à 5 000 unités avait disparu ou était hors d'usage. En prenant l'hypothèse que 20 000 boîtes peuvent être transportées par un porte-conteneur moderne, le risque de dispersion des conteneurs puis leur descente au fond des mers porterait sur 100 millions de caisses métalliques destinées à rouiller en lâchant leur contenu au fond des flots.

Une fois de plus les hommes utilisaient la mer comme une poubelle géante à leur disposition.

Les équipages des 700 navires de commerce à l'ancre devant Shanghaï depuis des mois, exaspérés, abandonnèrent leurs navires et rejoignirent la côte.

Leurs vaisseaux, sans aucun homme pour les diriger, furent soulevés par les vagues et se fracassèrent les uns sur les autres comme des jouets d'enfant. Puis ils vinrent percuter de plein fouet les grandes tours de verre et d'acier de Shanghaï symboles de la puissance nouvelle de la Chine. Dans d'autres régions du monde les équipages, informés du risque de tsunamis géants, abandonnèrent à la hâte leurs navires transformés en bouchons égarés et dispersés sur tous les océans.

Dans le détroit de Malacca, l'une des routes commerciales les plus importantes du commerce mondial, la situation géographique fut ingérable. Dans cette étroite bande de mer coincée entre la presqu'île de Malaisie et l'île de Sumatra une île artificielle de porte-conteneurs naufragés de plusieurs centaines de mètres de longueur chacun, se constitua et bloqua totalement le passage. Aucune grue, aucun engin de levage flottant ne pouvait sortir de l'eau des navires enchevêtrés de 250 000 tonnes chacun et de 350 mètres de long. Il fallait seulement attendre que la mer s'en débarrasse et réussisse à se nettoyer de toutes les saletés qui allaient la souiller pendant de longues années.

Les conséquences économiques et sociales furent considérables. Le commerce mondial fut réduit à néant et les famines se répandirent comme la lèpre sur le globe. Quelques navires auraient peut-être encore pu transporter des marchandises dans l'hémisphère Nord où les ports n'avaient pas été complètement détruits par les mégatsunamis successifs.

Mais la hausse du niveau des mers de presque 9 mètres était une punition imposée aux rivages de toute la planète.

À Shanghaï le premier port de commerce du monde quelques navires de transport miraculeusement épargnés ne pouvaient plus charger la moindre marchandise puisque les appareils de levage étaient sous l'eau. Importations comme exportations étaient devenues impossibles.

De façon plus prosaïque les milliers d'occupants des grandes tours partiellement détruites étaient prisonniers de ces magnifiques immeubles sans eau potable ni nourriture. Dans cette ville ultra-moderne il n'y avait presque plus de petits bateaux et de barques en nombre suffisant pour évacuer les tours. Les plus décidés ou les plus assoiffés plongeaient dans la mer du troisième étage des immeubles et s'éloignaient à la nage.

À New York les dérisoires protections de béton armé construites à la hâte pour protéger l'île de Manhattan furent balayées comme un château de sable. Dans les quelques tours qui n'avaient pas été détruites les habitants sans eau et affamés sautaient du troisième étage dans la mer, comme leurs frères humains de Shanghaï. Les deux plus grandes économies mondiales révélaient leur impuissance face à quelques mètres d'eau salée.

11

Le long du fleuve Xingu la vie des survivants avait commencé à prendre forme. Au bord des deux lacs d'alimentation du barrage de Belo Monte dont le niveau maximum était maintenant connu et limité par la hauteur des murs épais de la base du barrage, un grand espace avait été délimité pour construire une dizaine de maisons communes disposées harmonieusement autour d'une grande place centrale. Le travail à accomplir était important et plus aucun outil moderne n'était disponible. Le cacique Biraoni accompagné de Birana sa sœur jumelle et de quelques guerriers rendit visite aux Yanomamis, le peuple le plus nombreux du sud de l'Amazonie qui avait rejoint la lutte contre le barrage dont la retenue devait noyer une partie de leurs terres. Ils furent donc bien accueillis car leur grand-père et son combat contre la déforestation étaient connus de tous. Ils bénéficiaient aussi de l'aura très favorable qui entoure les jumeaux chez de nombreux peuples de l'Amazonie, signes de fertilité et de prospérité pour leur famille. La rupture du barrage imputée à l'action énergique des Kayapos permettait de rendre aux Yanomamis les terres qu'on leur avait volées. Une grande fête fut donc organisée en leur honneur. Dans les jours qui suivirent une forte équipe de menuisièrs yanomamis partit en soutien vers les villages kayapos.

Donnermann et ses hommes, les constructeurs du barrage, n'avaient plus ni ferraille ni béton mais ils avaient conservé réflexe et expérience de bâtisseurs. De leur côté les Sertaoes utilisaient avec jubilation les superbes arbres de la forêt d'Amazonie, eux qui venaient de la savane sèche du sertão où le bois était malingre et torturé. Biraoni apprenait peu à peu comment faire cohabiter et faire travailler ensemble des hommes aussi différents. Kayapos et Yanomamis ne parlaient pas tout à fait la même langue, mais ils parvenaient à se comprendre.

Pour une fois la religion qui avait si souvent dans l'histoire dressé les hommes les uns contre les autres servit de ciment à cette communauté bigarrée et fragile. Le petit évêque joua un rôle crucial dans ces rapprochements, rythmés par chants et cantiques et nourris de la joie éternelle du rire des enfants.

Il réussit même à donner à ces hommes et femmes vivants mais si fragiles un but commun et vibrant d'émotion, reconstruire une nouvelle cathédrale inutile et nécessaire à laquelle les survivants de la grande Amazonie offrirent les troncs et les branches des arbres qui eux aussi avaient survécu aux flots dévastateurs du Xingu enragé.

La difficulté principale venait des hommes d'Oberschlecht qui s'étaient tant vantés d'avoir réussi à finir le barrage malgré l'hostilité des Indiens. Carl Donnermann originaire du sud de l'Allemagne était de culture catholique et il avait pour ami son compatriote l'évêque du Xingu. Tous ces travailleurs qui avaient échappé à la mort grâce à lui avaient été bouleversés par la rupture du barrage, directement provoquée par la corruption massive sur les commandes des matériels. Donnermann leur dit « l'orgueil ne doit plus nous habiter, c'est plutôt la honte qui devrait devenir notre compagne quotidienne.

Mais pour nous débarrasser d'elle donnons notre énergie et notre savoir à cette petite communauté de survivants à laquelle nous appartenons maintenant. » À sa grande surprise son équipe, émue, l'applaudit longuement.

Quelques semaines plus tard les premières maisons communes accueillaient leurs habitants. Les mélanges étaient parfois surprenants. Perigo et ses hommes partageaient une maison avec les Kayapos avec lesquels ils avaient combattu les Colombiens.

Les familles des Sertaoes et leurs enfants cohabitaient dans une joyeuse pagaille avec les familles des Kayapos et leur nombreuse progéniture. Les rires et les jeux complétaient facilement le mélange bigarré de kayapo et de brésilien, que les enfants pratiquaient avec la plus grande facilité.

Mais la grande découverte et l'immense bonheur des enfants du sertão desséché et brûlé de soleil, furent d'apprendre à nager avec les poissons kayapos. Quelques mères indiennes surveillaient les essais des apprentis nageurs qui n'avaient jamais connu cette profusion d'eau et de fraîcheur. Elles encourageaient aussi les femmes du sertão qui osaient à peine mettre les pieds dans l'eau, malgré l'incroyable envie d'y aller qui les faisait rire et pleurer à la fois.

Le groupe des survivants réunissait des humains d'univers profondément différents que la violence et l'ampleur du drame avaient nettoyés de tout faux-semblant et de toute ambition de pouvoir ou d'argent. Ils se sentaient miraculés et voulaient vivre ensemble dans la confiance pour construire un monde nouveau. Les responsables de cette communauté avaient émergé naturellement et représentaient les principales forces du nouveau monde en construction.

Les Kayapos qui avaient accueilli tous les survivants dans leurs villages, étaient représentés par le cacique Biraoni et par sa sœur jumelle Birina. Les hommes du PCC sauvés *in extremis* dans la prison par le courage incroyable de Birina confiaient leur vie et leur avenir à Perigo. Carl Donnermann le responsable du chantier du barrage avait failli sombrer de culpabilité, mais désormais avec les hommes qu'il avait sauvés de la mort, ils constituaient un bloc d'énergie au service du nouveau monde. Candalida, l'ingénieure kayapo adorée de tous les Indiens était une femme, belle intelligente et volontaire que le cacique appréciait et écoutait.

Elle aussi avait sauvé des hommes en risquant sa vie et les familles du sertão encadrées par Rocha lui vouaient une profonde reconnaissance.

Le petit évêque du Xingu incarnait l'espoir et l'avenir de tous les survivants et offrait à Jésus, cet homme-Dieu accablé de souffrance, l'amour de tous ces humains qui l'entouraient. Cette communauté vivante et courageuse était dépourvue de toute forme d'énergie artificielle et de tout moyen de communication avec le reste du monde.

Nul être humain ne s'approchait plus de ce qui avait été la ville de Bajamira, et les ruines du barrage de Belo Monte partageaient l'aura maléfique de la cité pulvérisée.

Oubliés du monde les survivants ignoraient tout de l'immense effondrement de l'Antarctique et de la destruction de l'organisation industrielle et commerciale provoquée par les mégatsunamis issus du pôle Sud. Ces gigantesques vagues meurtrières avaient notamment ravagé les côtes de l'Amérique latine et de l'Afrique, détruisant tous les ports et toutes les villes côtières de ces deux continents. L'océan avait remonté le cours du grand fleuve et de ses affluents sur des centaines de kilomètres sans rencontrer d'obstacles majeurs.

L'Amazonie située très à l'ouest de la route sud-nord suivie par les tsunamis était peu bâtie par rapport aux autres zones littorales, et elle avait subi moins de dégâts.

Principale conséquence mesurable dans la grande forêt, le mélange d'eau douce et d'eau salée dans les fleuves s'était largement étendu à l'intérieur des terres et les pêcheurs kayapos avaient constaté que l'eau du Xingu était un peu plus salée qu'avant. La montée des eaux en aval du barrage n'avait pas non plus produit de dégâts massifs puisque toutes les constructions humaines avaient déjà été détruites par la rupture du barrage de Belo Monte.

La mangrove avait étendu son domaine mais cela n'avait pas troublé les Kayapos qui avaient même capturé des poissons nouveaux qu'ils ne connaissaient pas et qu'ils avaient trouvés très bons.

Candalida et Birina soutenues par l'évêque insistaient auprès de Biraoni pour qu'il envoie des pirogues vers Belém, le grand port côtier de l'Amazonie. Perigo, Donnermann et Rocha pour les Sertaoes n'étaient pas hostiles à cette expédition mais ils restaient visiblement sur leurs gardes. Quatre pirogues rapides et légères partirent ensemble pour Belém. Comme toujours les guerriers kayapos n'avaient pas besoin de lourdes provisions. Ils allaient pêcher ou chasser de quoi se nourrir et ils buvaient l'eau du fleuve. Leurs arcs et leurs lances, silencieux et précis, ne pesaient pas lourd et leurs vêtements non

Quatre semaines plus tard le bruit d'un moteur de bateau surprit brutalement les survivants éberlués par ce son qu'ils avaient oublié. Les quatre pirogues kayapos encadraient un curieux petit navire en bien mauvais état, dont le moteur hoquetait comme un vieillard asthmatique. Le vieux capitaine, deux matelots et un mécanicien, tous en loques constituaient tout l'équipage.

Biraoni les accueillit avec bienveillance car le capitaine était une vieille connaissance qui traficotait depuis des années avec les Indiens sans jamais avoir connu d'incident. Les quatre hommes étaient épuisés, affamés et assoiffés. Assis au milieu des guerriers qui revenaient de Belém et qui n'avaient cessé de pagayer, ils furent généreusement nourris et abreuvés.

Tous les responsables d'Amazona, le nom de la nouvelle ville, bâtie de bois de branches et de fleurs avaient rejoint les arrivants.

Le capitaine parlait un peu kayapo mais Biraoni lui demanda de parler brésilien pour ses partenaires « Merci padron de nous accueillir comme des amis. Vos hommes vous raconteront mieux que moi ce qu'ils ont vu à Belém. Mais c'est tout simplement un désastre, même si c'est mieux qu'ailleurs d'après ce qu'on m'a dit. Quand les tsunamis sont arrivés jusqu'à Belém ils mesuraient encore trente-deux mètres de haut et ils étaient tellement puissants qu'ils ont détruit toutes les grues et les machines du port. Les bidonvilles ont été rasés et plus rien ne fonctionne ni électricité ni eau potable. Des milliers de gens ont été emportés par les vagues et les bateaux ont été retrouvés encastrés dans les immeubles les plus solides. Depuis, dans la ville c'est la loi du plus fort et la guerre civile. J'ai pu remplir mon réservoir et m'enfuir par miracle avec mes marins. Et si j'ai bien compris la même violence règne partout dans le monde car toute notre organisation et toutes les machines de l'homme ne fonctionnent plus. Les milliards d'êtres humains encore en vie s'entretuent de toutes les manières imaginables.

Surtout ne bougez pas, ne cherchez pas d'autres contacts. C'est la mort que vous rencontrerez ! »

Le guerrier qui avait conduit l'expédition prit la parole pour ses compagnons kayapos « Le capitaine est en dessous de la vérité.

C'est la ruine et la folie à Belém et c'est pire dans tout le Brésil. Tous les ports du pays ont été détruits et Rio est submergée. Mais pour nous sur l'Amazone, la seule conséquence visible c'est l'élargissement de la mangrove. On a toujours vécu avec l'eau douce des grands fleuves. On y ajoutera maintenant un peu d'eau salée et on s'y fera ! » dit-il en souriant.

Donnermann fit signe à Perigo de prendre la parole, ce qu'il fit avec son humour habituel « Les amis, Carl et moi nous sommes les pires représentants de l'ancien monde.

Avec toutes les compétences et toutes les machines géantes d'une entreprise mondiale Carl et tous ses hommes ont construit cet immense ouvrage de béton, orgueil de l'homme triomphant de la nature. Et ce sont l'argent et la corruption qui ont réduit à néant ces années de travail et d'intelligence ! »

Carl Donnermann encouragé par son équipe ne dit que quelques mots en plus « Perigo a mieux trouvé les mots que moi pour exprimer notre colère et notre dégoût. Une chose est certaine nous ne voulons plus de cet ancien monde sombre, calculateur et pourri. Nous sommes prêts à vous aider pour créer le nouveau monde de lumière auquel nous aspirons tous. »

Le blessé du PCC avait retrouvé ses forces et son intelligence « Merci Carl mais nous du PCC et moi leur patron nous sommes bien plus que toi les pires représentants de l'ancien monde. Nous n'avons rien construit d'utile et notre seul objectif était de prendre le contrôle de la prison pour y asseoir notre pouvoir. Nous sommes des malfrats et des tueurs mais Birina nous a sauvés en risquant sa vie et ça nous ne l'oublierons pas. Et nous serons malheureusement utiles pour protéger notre communauté contre les agressions, car il y en aura forcément. Mes hommes m'ont raconté la dangereuse intervention de Brutante l'âme damnée de Da Souza, et le risque pris par Candalida qui n'hésita pas une seconde à lui dire que son monde avait disparu.

Trois revolvers du PCC dirigés contre lui, arrêtèrent les divagations menaçantes de l'apprenti dictateur des palmiers à huile. Il faut donc avoir des armes et j'ai demandé à mes hommes d'aller fouiller la maison des Colombiens ou ce qu'il en reste, parce que je suis convaincu que Colombaro, le patron des narcos colombiens y avait planqué armes et munitions.

Le récit du capitaine m'a impressionné. Le monde est en plein chaos et la violence deviendra la seule règle de vie entre les hommes si les lois ne sont plus que des chiffons de papier. Vous avez tous le droit de rire de moi avec mon discours sur les vertus de la Loi, et je n'ai pas oublié que j'étais à Bajamira le représentant de la plus grande organisation criminelle du Brésil. Mais j'ai changé et les gars du PCC ont changé avec moi. Si vous nous acceptez, nous serons vos défenseurs et votre modeste armée, car il en faudra une pour protéger la société nouvelle de confiance et de transparence que nous voulons créer ici ensemble. »

Ses paroles furent submergées par les vivats les cris et les encouragements de la petite foule qui l'entourait. Birina et Candalida traduisaient les propos de Perigo aux Kayapos qui entamèrent l'un de leurs chants si beaux et si puissants. Puis ils portèrent Perigo sur leurs épaules vers le petit évêque qui le rejoignit sur le dos des guerriers indiens. Rocha et les familles du sertão venaient de rejoindre la joyeuse pagaille et commencèrent eux aussi à chanter avec les Kayapos.

Le vieux capitaine très ému se tourna vers Biraoni « Padron, prenez-nous avec vous, moi et mes matelots. Le bateau n'est pas bien beau et nous non plus mais on vous sera utile. S'il vous plaît donnez-nous une chance ! » Un rapide regard circula entre les hommes et les femmes qui portaient l'espoir et l'organisation de ce nouveau monde. Ils acceptèrent la demande en souriant.

La pluie avait cessé et le soleil retrouvé inondait de sa chaleur et de sa lumière le refuge créé par les survivants. Après de sombres mois de violences et d'affrontements à

Bajamira, les vagues géantes surgies de l'Antarctique avaient bouleversé le reste de la planète.

Des milliards d'êtres humains avaient péri, l'économie était bouleversée et le monde des hommes s'effondrait dans le chaos.

Les énormes tsunamis n'avaient pas seulement détruit les ports et les zones côtières, ils avaient brutalement mis fin aux échanges intensifs qui reliaient toutes les parties du monde en surconsommant l'énergie et les ressources. Les États étaient partout affaiblis ou détruits. Les guerres civiles et l'anarchie s'imposaient sur toute la planète.

Ce petit groupe d'hommes de femmes et d'enfants, perdus au cœur de la grande forêt d'Amazonie voulait construire un monde nouveau malgré leur faiblesse et grâce à leur isolement. Leurs seules richesses étaient l'eau des fleuves d'Amazonie et la diversité merveilleuse des plantes et des animaux qui les entouraient. Leur force était leur faiblesse et leur insignifiance économique.

L'ancien monde dirigé par l'argent et asphyxié par la croissance illimitée des hommes sur la planète avait bien autre chose à faire que d'aller en Amazonie pour voler des richesses minières qui ne servaient plus à rien. La colère des mers qu'avait annoncée le si vieux cacique des Kayapos laissait une chance aux survivants du Xingu de construire un monde nouveau.

Pourront-ils et sauront-ils la saisir ?

www.ingramcontent.com/pod-product-compliance
Lightning Source LLC
LaVergne TN
LVHW051024051026
849532LV00004BA/1363